Shinrans Buddhismus der Fremdkraft

Tan Sonoda

Shinrans Buddhismus der Fremdkraft

Vorträge im Düsseldorfer Ekō-Tempel

Bibliografische Information der Deutschen Nationalbibliothek:
Die Deutsche Nationalbibliothek verzeichnet diese Publikation
in der Deutschen Nationalbibliografie; detaillierte bibliografische Daten sind im Internet über http://dnb.dnb.de abrufbar.

hrsg. vom Ekō-Haus der Japanischen Kultur e.V.

Herstellung und Verlag:
BoD – Books on Demand, Norderstedt

ISBN: 978-3-7322-7949-4

Inhaltsverzeichnis

Vorwort

Dieses Buch entstand aus der Zusammenstellung meiner Vorträge, die ich im November 2003 und 2004 bei Gelegenheit des *Hōonkō*-Seminars des Ekō-Hauses der Japanischen Kultur e.V. in Düsseldorf gehalten habe.

Das Ekō-Haus der Japanischen Kultur e.V. besteht aus einem deutsch-japanischen Kulturzentrum, dem Haus der Japanischen Kultur, und dem buddhistischen Ekō-Tempel. Es wurde Anfang der Neunzigerjahre von Ehan Numata (gest.1994), dem damaligen Präsidenten der *Society for the Promotion of Buddhism* in Tōkyō, gestiftet und eingeweiht. Seither hat sich das Ekō-Haus um die Vermittlung der japanischen Kultur und insbesondere des japanischen Buddhismus bemüht.

Das Ekō-Haus liegt außerhalb des Stadtzentrums von Düsseldorf und bildet dort einen eigenen Komplex. Auf seinem großen Grundstück stehen die Haupthalle (*hondō*) eines buddhistischen Tempels in echt japanischem Stil und mehrere Nebengebäude, in denen sich außer der Verwaltung Räumlichkeiten für Ausstellungen und Konzerte sowie Unterrichtszimmer für die japanischen Künste befinden. Zur Anlage gehören ferner ein deutsch-japanischer Kindergarten, eine Bibliothek, ein buddhistisches Tor und ein Glockenpavillion (beide in original japanischem Stil). Die Gebäude sind umgeben von japanischen Gärten. In jedem Fall zeigt die Anlage als Ganzes ein großartiges Panorama der japanischen Bau- und Gartenkunst inmitten einer europäischen Stadt.

Während in der Haupthalle des Ekō-Tempels das Jahr hindurch verschiedene buddhistische Zeremonien und Veranstaltungen stattfinden, werden die zugehörigen Versammlungsräume für wissenschaftliche Fachkongresse und -seminare unterschiedlicher Thematik, insbesondere aber für Veranstaltungen zu Religion, Buddhismus und Philosophie, aber auch für Ausstellungen und Demonstrationen der japanischen Künste genutzt. Dies alles entspricht, kurz gesagt, der Aufgabe eines japanischen Kulturzentrums. Das Ekō-Haus fungiert gleichsam als eine japanische Oase, nicht nur für die Deutschen in der näheren Umgebung oder die Besucher, die aus dem nahegelegenen europäischen Ausland kommen, sondern auch für die Japaner in Deutschland (zumal mehrere Tausend Japaner mit ihren Familien allein im Großraum Düsseldorf angesiedelt sind). Alle diese Menschen können sich im Ekō-Haus Kenntnisse über buddhistische Traditionen oder japanische Kultur aneignen. So sollte man die kulturelle Vermittlungsrolle, die das Ekō-Haus mit seinen vielfachen Tätigkeiten spielt, nicht unterschätzen.

Eine der wichtigsten buddhistischen Zeremonien, die im Ekō-Tempel normalerweise am letzten Novemberwochenende jedes Jahres veranstaltet wird, ist das *Hōonkō*-Fest, welches man zur Erinnerung an den Todestag Shinran Shōnins feiert, des Gründers der *Jōdo Shinshū*, jener buddhistischen Schule, zu der der Tempel gehört. Auch das *Hōonkō*-Seminar wird bei dieser Gelegenheit im Ekō-Haus veranstaltet und dauert jedes Mal drei Tage.

Für diese Seminare wird jedes Jahr ein japanischer Gelehrter eingeladen, der auf Gebiete wie Shin-buddhistische Dogmatik, allgemeine Buddhologie oder Religionswissenschaft spezialisiert ist, um in mehreren Vorträgen über Shinrans religiöses Denken und den Shin-Buddhismus zu sprechen. Die Seminarteilnehmer sind meistens Mitglieder der „Ekō-Gemeinschaft der europäischen Shin-Buddhisten" und einige Deutsche und Japaner, die sich für diese Themen interessieren. In den zwei Jahren, in denen ich als Referent daran teilgenommen habe, hat die Zahl der Zuhörer nie Zwanzig überschritten. Jedes Mal aber sind die Seminare mit solchem Engagement verfolgt worden, dass nach dem zweistündigen Vortrag noch eine ganze Stunde lang im Seminarzimmer weiterdiskutiert wurde.

Inhaltlich habe ich in meinen Vorträgen versucht, die Gedanken Shinrans und des Shin-Buddhismus thematisch zu gliedern und darüber frei zu sprechen. Auch habe ich, wie ich es am Anfang von Vorträgen sichtbar gemacht habe, die zentralen Themen eher religionswissenschaftlich bzw. religionsphilosophisch behandelt, d. h. ich habe Shinrans Denken eher im Vergleich mit dem Christentum und anderen Religionen und im Zusammenhang mit der europäischen Philosophie erörtert als vom Standpunkt der Shin-buddhistischen Dogmatik und Buddhologie aus.

Die Haltung, die ich bei meiner Darstellung eingenommen habe, könnte man – es mag zwar als ein etwas unerwarteter Einfall erscheinen – mit dem Standpunkt vergleichen, den Nikolaus von Cues, jener große Philosoph und Naturforscher des 15. Jahrhunderts, in zahlreichen seiner Schriften anstrebte. Namentlich in den Schriften seiner mittleren Periode richtete er sich explizit an den „Laien", was schon aus dem Titel seiner Abhandlungen hervorgeht: „Der Laie über die Weisheit", „Der Laie über den Geist" „Der Laie über statische Experimente". Damit wollte er, so denke ich, seinen eigenen neuen philosophischen Standpunkt gegen die Haltung des mittelalterlichen Klerus und dessen scholastische Philosophie abgrenzen. Meine wissenschaftliche Haltung hier scheint diesem Laienstandpunkt des Nikolaus von Cues in gewisser Weise zu ähneln.

Ich habe in meinen Vorträgen einige wichtige Grundbegriffe und -gedanken Shinrans als Themenschwerpunkte aufgenommen und ins Licht zu bringen versucht. Am Ende, so habe ich versucht zu zeigen, lässt sich Shinrans religiöses Denken auf fundamentale Weise mit dem Ausdruck „die Religion der Fremdkraft" charakterisieren. Im Allgemeinen dient als fundamentale Charakteristik des Shin-Buddhismus das Wort *tariki*, das meist mit „Andere Kraft" übersetzt wird, da diese im Gegensatz zur „Eigenen Kraft" (*jiriki*) des Menschen steht. Das Andere weist direkt auf den Buddha, besonders den Buddha Amida. Ich schlage jedoch vor, das Wort *tariki* mit „Fremdkraft" zu übersetzen, um die Unbegreiflichkeit und Fremdheit der Kraft des Buddha Amida für uns Menschen zu betonen. Ich denke, dass die Bedeutsamkeit der Lehre Shinrans und des Shin-Buddhismus gerade in dieser Fremdheit der Kraft des Buddha Amida liegt. Deshalb habe ich die Formulierung „Religion der Fremdkraft" auch im Titel meines Büchleins verwendet.

Zum Schluss möchte ich vor allem dem Direktor des Ekō-Hauses der japanischen Kultur e.V., Prof. Takao Aoyama, meinen herzlichen Dank aussprechen. Er hat mich zwei in zwei aufeinanderfolgenden Jahren ins Ekō-Haus eingeladen und mir die Ehre zuteil werden lassen, beim *Hōonkō*-Seminar zu sprechen.

Kyōto, den 20.12.2008 Tan Sonoda

Erste Vortragsreihe (2003)

I. Gedanken zum Hōonkō-Fest

Was bedeutet Hōon?

Heute findet hier im Düsseldorfer Ekō-Haus das *Hōon-kō*-Fest statt, in dessen Rahmen auch dieses dreitägige Seminar veranstaltet wird. Darum möchten wir uns eingangs mit dem Begriff beschäftigen, der dem Fest seinen Namen gibt: *hōon*.[1] Dies soll der Ausgangspunkt unserer Überlegungen werden, von hier aus wollen wir ergründen, worauf es in der von Shinran Shōnin begründeten Form des Amida-Buddhismus, der „Wahren Schule des Reinen Landes" (*Jōdo Shinshū*), im Wesentlichen ankommt, und welche Bedeutung das Fest eigentlich hat.

Das *Hōonkō*-Fest ist für die Anhänger der *Jōdo Shinshū* das wichtigste Fest im Jahreskreis, es ist eine Zeremonie von großer Bedeutung. Dabei ist es in erster Linie eine Gedenkfeier, die an den Todestag Shinrans erinnern und die Freude über den eigenen Glauben in der *Jōdo-Shinshū*-Tradition wiedererwecken soll. Diese jährlich wiederkehrende Feier ist nicht nur für den Einzelnen wichtig, sondern sie besitzt auch eine gesellschaftliche Funktion, da man hier den Glauben gemeinsam erleben kann. Seit das *Hōonkō*-Fest etwa zur Zeit des dritten Oberhauptes des Hongwanji-Tempels, Kakunyo Shōnin (1270-1321) institutionalisiert wurde, hat es darum nicht nur die religiöse Erfahrung der einzelnen Anhänger inspiriert, sondern es war auch von größter Bedeutung für die *Jōdo Shinshū* als Glaubensgemeinschaft. Seit jenen Tagen ist es stets mit großem Engagement begangen worden.

---

[1] Alle japanischen Schriftzeichen finden sich im Glossar.

Das letzte Schriftzeichen des Wortes *Hōonkō*, das Zeichen *kō*, kann man vorläufig mit „Versammlung" bzw. „Zusammenkunft" übersetzen. Die beiden ersten Zeichen *hō* und *on* sind vom Begriff und ihrer Sache her schwer zu fassen, und es ist nicht leicht, in der deutschen Übersetzung den richtigen Ton zu treffen. Auch für gewöhnliche Japaner, insbesondere wenn sie der jüngeren Generation angehören, ist das Wort *hōon* schwer verständlich: es klingt altmodisch und scheint jeder halbwegs pointierten Bedeutung zu entbehren. Das chinesische Zeichen *on* ist vermutlich schon früh in Japan eingeführt worden, und zwar als Bezeichnung konfuzianischer Tugend. Auch dieser geistige Hintergrund ist den modernen Japanern nicht mehr so vertraut, was dazu beigetragen haben mag, dass das Wort im Laufe der Zeit, besonders seit Ende des letzten Krieges, immer unverständlicher wurde und sich heutzutage dem Verständnis geradezu verschließt.

Das Zeichen *hō* aus dem Begriff *hōon* bedeutet, wörtlich übersetzt, „vergelten", etwas „zurückgeben", und in weiterem Sinne „danken", „Dank sagen". Wenn man *on* als eine erwiesene Wohltat oder eine geschenkte Gnade versteht, so ist mit *hoon* nichts anderes gemeint als der Dank dafür: dass man sie vergilt und etwas Entsprechendes als Gegenleistung zurückerstattet. Dies ist die grundlegende Bedeutung des Begriffs, die Haltung, die hinter ihm steckt. Danken, bzw. seine Dankbarkeit zu erweisen, beinhaltet immer eine entsprechende Vergeltung oder Rückerstattung, wobei die Gegenleistung mit Worten, materiellen Taten oder dem Gefühl der Dankbarkeit im Herzen erbracht werden kann.

Warum wird *hōon* in der *Jōdo Shinshū* so sehr betont? Warum gilt es als wichtig, ja geradezu unentbehrlich? Natürlich ist es, wenn man die Wohltat eines anderen

empfangen hat, wichtig, Dankbarkeit und Freude zu empfinden und seinen Dank auszudrücken. Dies entspricht
allgemein menschlichem Empfinden und gehört auch zur
Alltagsethik. Wenn *hōon* in der *Jōdo Shinshū* eine so
überragende Rolle spielt, was ist das Besondere an diesem Gedanken?

Fragen wir zunächst ganz formal danach, an wen sich
dieses *hōon* richtet, so ist die Antwort eindeutig: vor allem an Shinran. Geht man aber weiter zurück, so bezieht
es sich auch auf Shinrans Vorläufer, jene also, denen er
seine Lehre verdankt (darunter besonders die so genannten Sieben Patriarchen), und schließlich auf den historischen Buddha, Buddha Śākyamuni. Letzten Endes aber,
so kann man sagen, bezieht es sich auf den Buddha
Amida selbst.

Fragt man nun in anderer Richtung, wofür das *hōon* zu
entrichten sei und was es überhaupt bedeute, so ist die
Antwort ebenfalls einfach: wir entrichten *hōon* für die
Lehre, die zur Erlösung d. h. zur Geburt ins Reine Land
(*jōdo*) führt, und auch für den Gedanken (die Realität)
selbst, der diese Hingeburt lehrt und ermöglicht. Kurz
gesagt, bezieht sich *hōon* auf nichts anderes als die
Fremdkraft bzw. Andere Kraft und deren Wirken selbst.

Die Fremdkraft und deren Wirken sind sicherlich das
letzte Prinzip der *Jōdo Shinshū* und ihr charakteristischer
Ansatzpunkt innerhalb der großen Gemeinschaft der
buddhistischen Lehren. Darum nehme ich vielleicht die
Schlussfolgerung aus meinen Vorträgen vorweg, wenn
ich jetzt sage: gerade diese Freude über die Fremdkraft
und ihr Wirken, sowie das Leben mit dieser Freude machen das Wesen des *hōon* in der *Jōdo Shinshū* aus: das
gerade heißt, *on* zu verstehen, für *on* zu danken und es
zu vergelten.

Im Folgenden wollen wir uns mit der Frage auseinandersetzen, in welchem Sinne dieser *hōon*-Gedanke in der Lehre Shinrans auftaucht, und in welcher Weise Shinran selbst zu einem solchen Verständnis der buddhistischen Lehre gelangt ist. Dies sollen die Leitfragen der nachfolgenden Erörterungen sein.

Dank und Vergeltung Menschen gegenüber

Ich möchte unserem Gedankengang zunächst auf eine allgemeinere, uns näher stehende Ebene bringen und die Frage aus der Perspektive der menschlichen Existenz in der alltäglichen Erfahrung stellen. Wenn man über die verschiedenen Handlungen im menschlichen Leben, also das uns so vertraute Alltagsleben nachdenkt, so findet man, dass sie im Wesentlichen von den Verhältnissen der Menschen untereinander, den zwischenmenschlichen Beziehungen bestimmt sind. Im zwischenmenschlichen Umfeld finden auch all die gemeinsamen Handlungen der Menschen statt und hier entfaltet sich ein vielgestaltiges Sozialleben. So unterschiedlich die Beziehungen zwischen Menschen aber auch sein mögen und in welch verschiedenen Bereichen sie anzutreffen sind, die fundamentalste Struktur menschlicher Beziehung (oder wenigstens eine derselben) ist die Zweierbeziehung, bei welcher der eine dem anderen etwas gibt, worauf der andere irgendetwas Entsprechendes zurückgibt. Dabei macht das „Entsprechen" oder „Erwidern" den wesentlichen Charakter der Beziehung aus; erst dadurch wird sie eigentlich als Beziehung denkbar. „Vergeltung" im Sinne einer entsprechenden „Gegenleistung" ist natürlich nur eine ihrer Formen.

Wer etwas erhalten hat und es mit einer Gegengabe erwidern will, bemüht sich normalerweise darum, etwas Gleichwertiges zurückzugeben, so dass eine Art Gleichgewicht zwischen Geben und Zurückgeben entsteht. Wie die Beteiligten dieses Gleichgewicht abschätzen und beurteilen, bis zu welchem Grade Gabe und Gegengabe einander entsprechen, hängt von der jeweiligen Situation ab. Die junge Mutter beispielsweise lächelt und spricht ihr Baby an, das Baby erwidert das Lächeln und zeigt der Mutter seine Freude. In diesem Fall besteht zwischen den beiden sicherlich eine enge Wechselbeziehung, die hier in höchst reiner Form auftritt, und wer wollte in Frage stellen, dass das, was hier zwischen Mutter und Kind ausgetauscht wird, wirklich gleichwertig ist? Wenn sich die Mutter und ihr Baby miteinander freuen und zufrieden sind, dann muss ihre Beziehung ausgewogen sein.

Offensichtlich beruhen fast alle Beziehungen der Menschen untereinander und die vielen Tätigkeiten, die sie im täglichen Leben ausüben, auf dem Prinzip einer solchen gleichwertigen und gleichgewichtigen Vergeltung. Kauf und Verkauf, der Tausch von Arbeitsleistung gegen Lohn, Verhandlungen jedweder Art kommen stets nach diesem Prinzip zustande. In allen Fällen haben wir ein *give-and-take*-Verhältnis, wobei die notwendige Bedingung dafür, dass dieses „Geben und Nehmen" reibungslos ablaufen kann, die Gleichwertigkeit der ausgetauschten Güter ist. Gleichwertigkeit ist offensichtlich ein ganz fundamentaler Grundsatz, der regelmäßig in zwischenmenschlichen Beziehungen anzutreffen ist. Dies alles ist sozusagen Sache des gesunden Menschenverstandes, und es scheint beinahe unnötig, darauf hinzuweisen.

Freilich kommt es in zwischenmenschlichen Beziehungen in verschiedenen Zusammenhängen auch einmal vor, dass ausnahmsweise etwas gegeben oder zurückgegeben wird, das mehr als gleichwertig ist. In diesem Fall erwidert man eine Gabe mit etwas sozusagen Besserem und findet darin seine besondere Freude. Doch kennen wir – leider – auch solche Fälle, in denen jemand bewusst eine minderwertige Gegengabe bietet, um so seiner Abneigung – die gar Hass einschließen mag – Ausdruck zu geben. Die extreme Liebe und Zuwendung der Eltern zu ihren heranreifenden Kindern mag hier das klassische Beispiel für den ersten Fall sein, welches auch oft genannt und als Ideal bewundert worden ist. Von Seiten der Kinder ist die Zuwendung der Eltern *on*, d. h. eine nicht zu vergeltende Wohltat und Gnade. Wenn Eltern ihren Kindern etwas geben, tun sie es im Allgemeinen, ohne etwas Gleichwertiges von ihnen zurückzuverlangen. Ihr Geben überschreitet das übliche Berechnen und Verhandeln ganz und gar, es vollzieht sich in der Regel in unausbalanzierter Weise und widerspricht somit dem eben erwähnten Grundsatz. Wenigstens in den fernöstlichen Ländern galt es als eine der wichtigsten moralischen Empfindungen des Menschen, dieses *on* der Eltern als solches zu wahrzunehmen und ihnen dafür zu danken. (Auch dies hängt vermutlich mit der konfuzianischen Tradition zusammen, es mag aber auch ähnliche Vorstellungen im Westen gegeben haben bzw. geben.)

Ein weiteres Beispiel dieserart ist das *on* eines Lehrers oder eines Meisters (etwa der traditionell japanischen Kunst). Auch die Lehrer-Schüler-Beziehung ist von ganz eigener Natur. Das aufopfernde Geben, welches das Unterrichten eines Schülers darstellt, übersteigt oft die üblichen Erwartungen und Normen. Darum erinnern sich Schüler nicht selten lebenslang an ihren Lehrer: sein *on* prägt ihr ganzes Leben in fruchtbarer Weise.

Die hier angeführten Beispiele (nämlich das *on* der Eltern und das *on* des Meisters) gelten, gemessen an den üblichen menschlichen Beziehungen, durchaus als Ausnahmen. Deshalb wurden sie auch immer als besonders schöne und wichtige Formen des menschlichen Miteinanders geschätzt. Sie galten zu allen Zeiten als Ideal und Vorbild moralischer Vollkommenheit, dem man nacheiferte.

Aber betrachten wir es einmal von der anderen Seite! Gibt es für den Menschen in seiner Lebensweise überhaupt das Geben und Zurückgeben im wirklich reinen Sinne? Ist es für ihn möglich zu geben, ohne dabei an irgendeine Gegenleistung zu denken? Jedenfalls ist das Geben ohne Gegenleistung für uns Menschen offensichtlich äußerst schwierig und kommt dementsprechend nur selten vor. Freilich habe ich die Wechselbeziehung zwischen den Eltern und ihren heranreifenden Kindern, zwischen Lehrer und Schüler eben in dieser Weise dargestellt. Aber bei näherer Betrachtung, so skeptisch es auch klingen mag, ist ein gewisser Zweifel daran nicht leicht von der Hand zu weisen, und es stellt sich die Frage, ob diese Beziehungen wirklich so rein und ohne alle Berechnung sind.

Indem wir nun an diesem Punkt angekommen sind, eröffnet sich uns ein neuer Horizont: hier nämlich beginnt die Welt der Religion, hier wird sie in ihrem Anspruch erkennbar. Denn die wahrhaft reine Beziehung, der jeder Gedanke an Vergeltung (im Sinne eines Anspruchs auf eine Gegengabe) fremd ist, ist eine typisch religiöse Vorstellungsweise. Erst in der religiösen Dimension spricht man mit den Worten des Christentums z. B. von „uneigennütziger Liebe" oder mit den Worten des Buddhismus von „unbedingtem Mitgefühl" und dergleichen. Auch unser Begriff *hōon* lässt sich wohl nur in diesem religiösen Bereich verstehen, denn nur hier existiert er überhaupt. Darum müssen wir seinen religiösen Wurzeln noch etwas tiefer auf den Grund gehen.

Rückerstattungsdenken in den älteren Religionen

Sofern die Welt der Religion – oder in weiterem Sinne das Dasein des Menschen – sich in Tätigkeiten des menschlichen Lebens niederschlägt, sind die hier auftretenden Beziehungen prinzipiell keine anderen als jene, von denen wir eben gesprochen haben. Da aber die Beziehungen im religiösen Bereich nicht nur zwischenmenschlicher und sozialer Art sind (jedenfalls dabei nicht stehenbleiben), sondern der Mensch in ihnen – sei es als Individuum oder als Gruppe bzw. Gesellschaft – in Beziehung zu etwas tritt, was ihn überschreitet und ihm fremd ist, wird die erwähnte grundlegende Seinsweise unter Umständen aufgehoben. Anders herum ausgedrückt: sobald die normalen zwischenmenschlichen Beziehungen überschritten werden und offensichtlich etwas postuliert wird, das sie zu durchbrechen scheint, kann man dies als religiös, der Welt der Religion zugehörig bezeichnen. Natürlich gibt es dabei, auch wenn man nur das eine Wort „Religion" verwendet, die verschiedensten Formen und Stufen, und auch die Beziehungen, die sich hier beobachten lassen, sind ganz unterschiedlicher Natur.

In den Religionen beispielsweise, die unter wirtschaftlich und technisch beschränkten, einfachen Verhältnissen entstanden sind, und die meistens auf eine Gesellschaft relativ kleinen Umfanges, etwa eine Sippe oder einen Stamm, begrenzt sind (weshalb man von Stammesreligionen spricht, obwohl das Folgende sich nicht auf

Stammesgesellschaften beschränkt), sind die Beziehungen zu dem, was man als Gott bzw. Götter bezeichnen kann, ganz natürlich und werden oft ganz direkt und intim empfunden. Dabei fehlt es solchen Gottheiten öfters noch an einer passenden Form und Vorstellung, aber es dürfte kaum zu leugnen sein, dass sie meistens in irgendeiner Weise personifiziert vorgestellt werden. (Je nach Vorstellungsart gibt es in solchen Gesellschaften viele Formen kultischer Verehrung, wobei ich die Einzelheiten aber nicht weiter berühren möchte.) Jedenfalls scheint das Verhältnis zur Gottheit auf dieser Stufe der Religion im Wesentlichen den zwischenmenschlichen Beziehungen nachempfunden zu sein und auf ihnen zu beruhen; oder es tritt in einer Form auf, in der es prägend für die letzteren, also deren Urform bzw. Archetyp ist.

Die fundamentale Formel dieser Beziehung zwischen Göttern und Menschen in einer Stammesreligion ist, wenn ich es einmal sehr vereinfacht und nur ganz prinzipiell darstellen darf, dass der Mensch etwas tut, um dadurch etwas anderes zu erlangen; oder in religiösem Sprachgebrauch: indem man etwas für die Götter leistet, darf man von ihnen auch etwas erbitten. Daraus entsteht die religiöse Handlung in ihrer schlichtesten, aber auch direktesten Form: als Kult oder Opfergabe. Etwas den Göttern darzubringen, ihnen z. B. ein lebendes Opfer zu widmen, ist freilich ein absichtsvolles Geben, hinter dem die Hoffnung steht, etwas zurückzubekommen. Wenn man um etwas Wichtiges oder schwer zu Erlangendes bittet, muss man dafür natürlich etwas Kostbares und Bedeutendes hergeben. Das Menschenopfer in den alten Stammesreligionen, darunter auch das sogenannte Erstlingsopfer, sind typische Beispiele dafür.

Diese Formel beschränkt sich aber keineswegs nur auf schlichte und unentwickelte Entwicklungsstufen der Religion, sondern ist ansatzweise in fast allen Religionen vorhanden. In diesem Sinne setzt die Religion die erwähnten grundlegenden zwischenmenschlichen Beziehungen bis zu einem gewisse Grade voraus und beruht auf ihnen (wobei sie sich freilich nicht in ihnen erschöpft). Auch heutzutage gibt es nicht wenige durchaus zweifelhafte und gefährliche Religionen, die von einem ähnlichen Gottesverhältnis wie die Stammesreligionen ausgehen oder es frei erfinden, um damit das Interesse der Menschen zu erheischen. Ihre Motive sind dabei in gewisser Weise so einfach wie die der Stammesreligionen, aber im Vergleich zu jenen unrein, d. h. in einem oft radikal egoistischen Sinn gewinnorientiert.

Wir wollen nun in einer etwas sprunghaften Kehrtwendung und nur soweit, wie es für unseren Zusammenhang von Bedeutung ist, einen kurzen Seitenblick auf die jüdische Religion werfen. Denn die Wechselbeziehung zwischen Gottheit und Mensch, die in allen Religionen in einem gewissen Grade enthalten ist, wird im Judentum außerordentlich streng, aber auch rein religiös gedacht. Sie ist, wie man mir wohl einräumen wird, der Kern des Judentums, von dem aus es sich entwickelt hat und bis heute seinen einzigartigen religiösen Charakter empfängt.

Das entscheidende Charakteristikum des Verhältnisses zwischen Gott und den Menschen (dem Volk) lässt sich, denke ich, anhand des Begriffs „Vertrag" erläutern. Der Gott des Judentums ist ein Gott des Vertrages und sein Volk das Volk der Verheißung. Gott verspricht, das Volk zu erlösen, und das Volk bietet ihm dafür seine Treue und seinen Gehorsam. In dieser wechselseitigen Beziehung besteht der Vertrag. Nur sofern das jüdische Volk vor Gott das Gute tut, d. h. ihm vollkommene Treue und Gehorsam leistet, wird ihm Erlösung zuteil. Wenn sich das Volk aber stattdessen gegen Gott auflehnt, ihm untreu ist und seine Gebote missachtet, muss es mit einer strengen Bestrafung rechnen, ihm droht sein eigenes Verderben und die Vernichtung durch Gott. Geben und Zurückgeben sind hier sehr eng aufeinander bezogen. Die Verheißung in Gehorsam anzunehmen, gerade das ist der Glaube der Juden. Gut und recht ist es, die Gebote und das, was Gott dem Menschen abverlangt, zu erfüllen und danach zu leben. Umgekehrt aber ist es das Wesen des Bösen, der „Sünde", dass der Mensch gegen Gottes Gebote verstößt und sie nicht genau befolgt. Das Judentum versteht diese Beziehung in beiden Richtungen ganz rigoros.

Wie schon klar geworden sein dürfte, liegt diesem Denken die Annahme zugrunde, dass das Gute ebenso wie das Böse, also letztlich alle Taten, auf strenge und adäquate Weise vergolten werden. Für das Gute (den rechten Glauben) erhält der Mensch etwas Gutes (nämlich die Erlösung), für das Böse (die Sünde) etwas gleichwertiges Böses (nämlich eine göttliche Strafe). Die Angemessenheit und Unvoreingenommenheit, mit der Gott Lohn und Strafe zuteilt, heißt die „Gerechtigkeit Gottes". Hier tritt die Eigenart der jüdischen Religiosität zutage, die Max Weber einst als „Vergeltungsreligiosität"[2] bezeichnet hat (vgl. M. Weber, *Religionssoziologie*). Sie ist das charakteristische Prinzip des Judentums, das an verschiedenen Stellen des Alten Testaments in dem Satz zu

---

[2] M. Weber: *Religionssoziologie*. Max Weber verwendet den Begriff „Vergeltung" natürlich keineswegs im Sinne von „Rache", sondern ebenso wertfrei, wie wir es bisher getan haben.

Ausdruck gebracht wird: „Auge um Auge, Zahn um Zahn" (Ex 21,24, Lev 24,19, Dtn 20,19). Daraus ist auch in der Rechtslehre der Gedanke der Vergeltung des Gleichen mit Gleichem (die Talion, lat. *ius talionis*) entstanden. Wie lebendig dieser Gedanke ist, lässt sich an den gegenwärtigen politisch-sozialen Auseinandersetzungen Israels, dem fortdauernden Krieg gegen das arabische Volk ablesen.

Das Verhältnis zwischen Gott und Mensch ist im Judentum sehr komplex und natürlich nicht nur durch Strenge, sondern auch durch Güte gekennzeichnet. Insofern die jüdische Religiosität vom Menschen tiefe Gläubigkeit und ein ernsthaftes Leben verlangt, führt sie zur Läuterung des Menschen. Mir liegt jedoch auch daran, darauf hinweisen, wie streng und unmittelbar die Beziehung zwischen Gott und dem Menschen im Judentum verstanden wird: Gottes Verheißung auf der einen Seite erfüllt sich genau soweit, wie der Mensch auf der anderen Seite gehorsam ist.

In dieser auf strenger Gegenseitigkeit beruhenden Beziehung, wie ich sie hier ganz grob beschrieben habe, steckt möglicherweise noch ein Problem, eine innere Gefahr. Solange der Glaube rein ist und das Leben in lebendiger Beziehung zu Gott steht, mag dieses Problem nicht in Erscheinung treten. Wenn aber die eigentliche Bedeutung der im Glauben gelebten Beziehung einmal außer Sicht gerät, wenn sie ihre Reinheit und Strenge verliert, öffnet es sich eine Art Fallgrube, die in dieser Religiosität versteckt ist und in die man leicht hineinfällt, sobald man einen Schritt verfehlt.

Im Judentum wird, wie dargestellt, die Erlösung, die Versöhnung mit Gott nur den Menschen mit reinem Glauben und strenger Lebensführung zugesagt. Umgekehrt formuliert, ermöglicht nur die reine und strenge Befolgung der Gebote Teilhabe an der Erlösung durch Gott. Daraus ergibt sich im schlimmsten Fall eine Art *Formalismus*: nämlich dann, wenn sich jemand nur deshalb um den reinen Glauben und die Einhaltung der göttlichen Gebote bemüht, um sich damit Gottes Erlösung zu verdienen, oder noch schärfer und direkter gesagt: weil er sich damit die Gewissheit erkaufen will, von Gottes Erlösung nicht ausgeschlossen zu werden. Wenn das der Fall ist, handelt es sich nur um einen formalen Glauben, der die Gebote aus einem reinen Zweckdenken heraus erfüllt. Der Glaube an Gott und die Befolgung seiner Gebote verkommt dann zur bloßen Erfüllung der Vorbedingungen, die an die Erlösung gestellt sind. Die Beziehung zu Gott degeneriert ganz und gar zu einer Art Handel, der zum Zwecke der eigenen Erlösung abgeschlossen wird. Was dann noch übrigbleibt und wuchert, ist letzten Endes bloß passives, formales Festhalten an einem Regelwerk, dem aber jede Spontaneität abhanden gekommen ist.

Dies war in der Tat die Situation, in der sich das Judentum zur Zeitenwende befand, als Jesus in Israel geboren wurde. Es war das hohe Zeitalter der pharisäischen Sekte, die eine strenge Gesetzesreligiosität und formale Befolgung aller Regeln der Thora propagierte. Die eigentliche Frömmigkeit und Religiosität ging darüber mehr und mehr verloren, und das Judentum geriet in die Fänge des bloßen Formalismus. Ich möchte der jüdischen Religiosität natürlich kein Defizit oder gar Unreinheit vorwerfen. Aber es ist wohl kaum zu leugnen, dass das Judentum in seiner langen Geschichte immer wieder Phasen durchlebt hat, in denen es der Gefahr ausgesetzt war, sein eigenes Wesen zu verfehlen und sich dadurch selbst Schaden zuzufügen. Eine solche Phase war auch das Zeitalter Jesu Christi, der diese Gefahr entschärfen und die Krise überwinden wollte.

Rückerstattungsdenken im Christentum und Buddhismus

In diesem Umfeld ist also die Religion Jesu Christi entstanden. Auch über das Christentum möchte ich hier nicht ausführlicher sprechen, und es ist auch gar nicht erforderlich. Ich möchte auf seine Position nur insoweit eingehen, als sie mit der erwähnten Gesetzesreligiosität des Judentums zu tun hat und deren Überwindung einleitete.

Wie ich es angedeutet habe, kann die Lehre Jesu Christi als Reaktion auf die problematische Situation, in die die jüdische Religiosität geraten war, verstanden werden, und sie führte in gewissem Sinne zur Aufhebung der rigorosen Gesetzeskonformität. Zwar sagt Jesus an einer Stelle von sich: „Ich kam nicht, um das Gesetz aufzulösen, sondern um es zu erfüllen" (Mt 5,17), aber, indem seine Lehre die Liebe Gottes betont und den Willen Gottes zur Erlösung klar in den Vordergrund rückt, hat sie fast alle Bedingungen und Einschränkungen für die Erlösung, die von den Pharisäern so vehement vertreten worden waren, aus dem Wege geräumt. Die Erlösung selbst wurde dadurch sozusagen verallgemeinert und jedermann zugänglich gemacht: sie reichte nun bis zu den Sündern. Sogar Verbrecher können nach christlicher Auffassung an der Erlösung teilhaben, wenn sie an den Erlösungswillen Gottes glauben. Dabei kann die Erlösung, ohne dass irgendwelche Handlungen oder Opfer erforderlich wären, allein durch den Glauben erlangt werden. In diesem Sinne hat das Christentum gewiss Schranken niedergerissen und die Gefahr, die das Judentum doch möglicherweise in sich trägt (und die ich eine Art Fallgrube genannt habe), prinzipiell überwunden. Hierin wird auch die Allgemeinheit und Unbedingtheit des Christentums sichtbar; und nicht zuletzt liegt hierin die Absolutheit und Transzendenz des christlichen Gottes.

Nicht so einfach ist jedoch die Antwort auf die Frage, ob in der reinen und schlichten Religiosität des Christentums, seiner Haltung zum Glauben, die man mit dem Satz umschreiben könnte „Glaube, so wirst du erlöst", nicht doch noch etwas Problematisches zurückbleibt. Ich jedenfalls bin mir nicht sicher, ob denn wirklich die Gefahr vollkommen gebannt ist, diesen Glauben als eine Art Bedingung, als Mittel zum Zweck aufzufassen. Dies mag als eine kleine, bescheidene Anfrage stehenbleiben. Denn es ist nicht meine Absicht, hier das Christentum tiefer gehend zu erörtern, und dazu fehlte auch der Raum.

Auch den Buddhismus möchte ich im Zusammenhang mit unseren Betrachtungen nur sehr allgemein charakterisieren. Es geht mir nur um ein fundamentales Verständnis, das als Hintergrundwissen erforderlich ist, um Shinrans Denkansatz und die Eigenart der Shinbuddhistischen Tradition zu verstehen. Dabei möchte ich jedenfalls im Umfeld der eingangs erklärten Begriffe *on* und *hoon* bleiben.

Von einem allgemeinen Standpunkt aus betrachtet, besitzt der Buddhismus viele Gemeinsamkeiten mit den fundamentalen Strukturen anderer Religionen. Im Mahāyāna-Buddhismus wird das Verhältnis zwischen dem Buddha und den Menschen (bzw. den Buddhas und Bodhisattvas und allen fühlenden Wesen) in ganz ähnlicher Form als ein Geben und Zurückgeben gedacht, wobei dies allerdings als eine Art Kausalbeziehung, die zwischen einer Ursache und einer Wirkung vermittelt, verstanden wird. Der Gedanke der Vergeltung nach dem Prinzip von Ursache und Wirkung (*inga ōhō*) ist eine grundlegende Kategorie des buddhistischen Denkens und kann als dessen innere Logik bezeichnet werden. In allen Situationen und Zusammenhängen besteht diese Beziehung zwischen Ursache und Wirkung. Die berühmte Formel „auf eine gute Ursache folgt eine gute Wirkung, auf eine schlechte Ursache eine schlechte" (*zen'in zenka, akuin akka*), ist das Grundgesetz aller Dinge. Insoweit ist der allgemeine Standpunkt des Buddhismus logisch konsequent, und man kann ihn unter diesem Aspekt als rational bezeichnen.

Wenn das endgültige Ideal, das Ziel des Buddhismus – vorläufig ausgedrückt – das Erreichen der höchsten Erleuchtung ist, wenn es also im Suchen und Zuendegehen eines Weges, der zur Buddhaschaft führt, besteht (denn „Buddha" bedeutet im allgemeinen Verständnis des Buddhismus „der Erleuchtete", „der zur wahren Erleuchtung Gelangte"), dann muss sich diese Suche sicherlich grundlegend auf diese kausale Logik stützen. Das Streben und Forschen im Buddhismus ist in diesem Sinne als logisch klar und konsequent anzusehen.

Um den Prozess dieser buddhistischen Wegsuche verständlich zu machen, hat man lange versucht, ihn in einer dreistufigen Reihenfolge zu deuten: die Lehre (*kyō*) wird, indem man sie in die Tat bzw. Praxis (*gyō*) umsetzt, bewährt bzw. verwirklicht (*shō*): Auf Japanisch spricht man kurz von *Kyō-gyō-shō*: Lehre-Praxis-Erweis. Mit *Lehre* sind natürlich sämtliche Lehren Buddha Śākyamunis gemeint, also der gesamte Buddha-Dharma, wie er in den Sūtren und den Erläuterungen der späteren Meister erklärt wird.

Praxis heißt, das, was man gehört hat, auch wirklich in die Tat umzusetzen, sich die Lehre anzueignen und nach ihr zu handeln. Es gehört zu den wesentlichen Merkmalen des Buddhismus, dass er diese „Übung" (erneut eine Übersetzung bzw. eine Bedeutung von *gyō*) für notwendig hält und durch sie das letzte Ziel, die Buddhaschaft, zu erreichen sucht. Dabei ist der Begriff „Übung" *(gyō)* nicht auf die eigentlichen buddhistischen Übungen beschränkt, in weiterem Sinne übt man durch praktisches Handeln, indem man durch gute Taten religiöses Verdienst ansammelt. Erst durch die Übung in diesem weiteren Sinne kann man zur Verwirklichung gelangen. Dabei ist Verwirklichung das, was sich durch solches Tun *erweist*, das Erwachen, das letztendlich als Ergebnis erreicht wird, oder, wie man es auch formulieren könnte, das Erlangen der Buddhaschaft.

Mit der Lehre anzufangen, sie in die Praxis umzusetzen und so zu ihrer Verwirklichung zu gelangen: dies ist die prinzipielle Formel und fundamentale Struktur des buddhistischen Wegsuche. Wenn sie auch nicht mit der vorhin erwähnten Ursache-Wirkungs-Beziehung gänzlich gleichzusetzen ist, steckt dahinter doch unverkennbar ein logischer Prozess. Die Wegsuchenden bzw. praktizierenden Buddhisten aller Zeiten haben in dieser Stufenfolge den Dharma gesucht, haben auf diese Weise die Soheit bzw. Wahrheit (*shinnyo*) angestrebt.

Selbstverständlich bildet auch Shinran keine Ausnahme. Auch er hat auf diesem traditionellen Pfade nach dem Dharma gesucht, auch er wollte so die buddhistische Wahrheit erlangen. Bekanntermaßen wurde er schon im frühen Knabenalter (mit neun Jahren) ordiniert und war dann viele Jahre Mönch auf dem Berg Hiei, wo er sich in der Abgeschiedenheit des heiligen Bezirks den buddhistischen Übungen widmete. Insofern folgte Shinran der buddhistischen Tradition und begann seine Wegsuche von deren fundamentalem Standpunkt aus. Aber er erkannte durch diese Übungen auch die Grenzen der traditionellen Lehre und entwickelte Skepsis gegenüber ihrem Standpunkt. Dass er mit 29 Jahren den Berg Hiei wieder verließ, zeigt dies in symbolischer Weise.

Üblicherweise nennt man Shinrans Hauptwerk heutzutage *Kyōgyōshinshō*, „Lehre, Praxis, Glaube und Verwirklichung", ein Titel, der sich aus den Titelüberschriften der ersten vier Bände zusammengesetzt ist. Dieser berühmte Titel scheint anzudeuten (so möchte ich es jedenfalls auslegen), dass Shinran seine theoretische Lehre einerseits innerhalb des traditionell-buddhistischen Rahmens entwickelt, wobei er die überlieferte Struktur *Kyō-gyō-shō* unterlegt, dass er aber andererseits, indem er einen Band mit dem Thema *shin* – „ Glaube" bzw. „Vertrauen" – als ein neues Moment hinzufügt, eine neue, vollkommen originelle Einsicht formulieren möchte, die nicht bei diesem traditionell buddhistischen Rahmen stehenbleibt. Was bedeutet das aber inhaltlich und wie wird es möglich, wenn nicht gar notwendig? Von hier an wollen wir unsere Aufmerksamkeit ganz auf die Lehre Shinrans richten und den besonderen Standpunkt der *Jōdo Shinshū* herausarbeiten. Insbesondere möchten wir den Gedanken des *hōon*, von dem wir ausgegangen sind, weiterverfolgen und in diesem Kontext seine Bedeutung erklären.

Shinrans Suche

Wie erwähnt, hielt sich Shinran etwa zwanzig Jahre lang als Mönch auf dem Berg *Hiei* auf, von dem damals die wichtigsten Impulse für die Erneuerung des japanischen Buddhismus ausgingen und der noch heute einer der heiligsten Orte des japanischen Buddhismus ist. In dieser Zeit vertiefte er sich in die breit gefächerte Scholastik des Buddhismus, insbesondere die der *Tendai*-Lehre, gleichzeitig widmete er sich engagiert der buddhistischen Übung, etwa der Nembutsu-Praxis, wie sie vom Reines-Land-Zweig der *Tendai*-Schule verstanden wurde. Kurzum, Shinran hat sich die buddhistische Lehre (*kyō*) und ihre Praxis (*gyō*) vielleicht auf dem höchsten Niveau, das damals in der buddhistischen Welt Japans möglich war, angeeignet. Trotzdem war er am Ende überzeugt, dass er weder durch seine gelehrten Studien noch durch seine praktischen Übungen etwas Endgültiges hatte erreichen können. Obwohl er die traditionell orthodoxe Lehre völlig verstand und die erforderlichen Übungen in großer Zahl durchgeführt hatte, war er nicht bis zur endgültigen Verwirklichung (*shō*) durchgedrungen; Lehre und Praxis hatten sich für ihn nicht in überzeugender Weise bewährt. Darum musste er in der traditionellen *Tendai*-Lehre, die man als Hauptströmung des damaligen japanischen Buddhismus bezeichnen kann, gewisse Grenzen erkennen, die ihn zu tiefen Zweifeln führten. Er wurde sich bewusst, dass er für strenge traditionelle Studien und Übungen eigentlich gar nicht geeignet war. Er erkannte seine eigene Begrenztheit und begann, an sich selbst zu zweifeln.

Aus diesen qualvollen Überlegungen heraus entschied sich Shinran im Alter von 29 Jahren, den Berg *Hiei* zu verlassen und Meister Hōnen aufzusuchen. Der neue Weg, dem er hier begegnete, ging von einem anderen Standpunkt als die traditionellen Hauptströmungen des damaligen Buddhismus aus. In ihm fand Shinran letzte religiöse Gewissheit für sich selbst, und von diesem Ansatz aus entwickelte er seinen ganz eigenen „Reines-Land-Buddhismus der Anderen Kraft", das „Nembutsu aus Fremdkraft".

Es ist im gegebenen Rahmen unmöglich, eine theoretische Begründung seines Gedankengebäudes oder eine wissenschaftliche Erklärung seiner dogmatischen Inhalte zu bieten. Ich beschränke mich deshalb darauf, die für den konkreten Glauben relevanten Positionen darzustellen, und werde mich dabei an Shinrans Aussprüche und Lehren halten, wie sie z. B. im *Tannishō* überliefert sind. Von diesem Blickwinkel aus möchte ich im Folgenden das Wesen und die, wie ich meine, innere Größe der Lehre Shinrans darstellen, wobei ich insbesondere wieder auf die Eingangsfrage nach der Bedeutung des *hōon* zurückkommen werde.

Wie erwähnt, hält Shinran in seinem Denken einerseits an den grundsätzlichen Positionen des Buddhismus fest, andererseits sucht er auch etwas Neues, darüber Hinausgehendes, und entdeckt so seine ganz eigene Sichtweise.

Shinran geht, um nochmals auf das angeführte Beispiel zurückzukommen, vom überlieferten Rahmen der traditionellen Wegsuche, dem *Kyō-gyō-shō* (Lehre, Praxis, Verwirklichung), aus und beruft sich auf ihn. Aber er kann und will nicht dort stehen bleiben und diesen Weg gleichsam unhinterfragt übernehmen. Folglich erweitert er den Rahmen zum *Kyō-gyō-shin-shō* (Lehre, Praxis, Glaube, Verwirklichung). Warum musste er so vorgehen, und wie war es ihm überhaupt möglich? Diesen zwei Fragen wollen wir von zwei Seiten aus nachgehen. Erstens: Warum konnte Shinran nicht beim alten traditionellen

Rahmen, dem *Kyō-gyō-shō*, stehen beiben? Und zwei-
tens: Auf welche Weise folgte daraus der perspektivische
Wechsel, der den neuen Rahmen eröffnet? Damit ist die
Richtung unseres weiteren Fragens im Groben vorgege-
ben.

Zunächst zum ersten Punkt: Aus welchem Grund konnte sich Shinran nicht mit dem bisherigen traditionellen
Rahmen begnügen? – Shinran antwortet darauf im *Tannishō* mit den markanten Worten: „Da ich zu keinerlei
Übung fähig bin".[3] Das Wort, das Shinran hier verwendet,
ist *gyō* – „Übung", also „Tat" bzw. „Handlung" im weiteren Sinne. Der neue eigene Ausgangspunkt Shinrans liegt
gerade in der tief reichenden Selbsterkenntnis, dass er
selber zu keinerlei angemessenen Tat imstande ist, dass
er also die auf den buddhistischen Pfad erforderlichen
Übungen niemals wird vollziehen können und in diesem
Sinne einfach untauglich ist. Zu dieser Selbsterkenntnis
konnte Shinran nur gelangen, weil er sich etwa zwanzig
Jahre lang mit größtem Ernst um Lehre und Praxis des
Buddhismus bemüht hatte. Nur ein Mensch, der sich vom
Pfad der traditionellen Übungen ganz und gar entfrem-
det sah und dem die verzweifelte Resignation darüber
schon ins Gesicht geschrieben stand, konnte eine solch
aufrichtige Selbsteinschätzung aussprechen. Die folgenden Worte fassen seine Situation drastisch zusammen:
„Die Hölle wird ja sicherlich meine Wohnstätte sein". Für
einen, der keinerlei verdienstvolle Tat zustande bringt,
bleibt als Bestimmung letzten Endes nichts anders als die
Hölle übrig. In dieser Situation wurde es Shinran klar,
dass der einzige verbleibende Weg, die letzte Möglichkeit

---

[3] Tannishō, dt. Übersetzung: Ikeyama, Eikichi 1965: *Das Büchlein
vom Bedauern des abweichenden Glaubens* Tōkyō: Risōsha. Die
folgenden Zitate stammen aus dem zweiten Kapitel.

zu seiner Erlösung die neue Lehre von Meister Hōnen war, nämlich der Pfad des Nembutsu. (Auf das Nembutsu, d. h. das Ausrufen von Buddha Amidas Namen, gehe ich unten ein.) Seine Entscheidung ist in ihrer strikten Konsequenz sozusagen eine Entscheidung auf Leben und Tod. Sie gewinnt ihre Entschlossenheit aus der festen Überzeugung, die Shinran an gleicher Stelle ausspricht: „Sollte ich aber darum wirklich der Hölle verfallen, da ich vom Weisen Hōnen betrogen wurde und das Nembutsu praktiziert habe, so würde es mich doch gar nicht gereuen".

Im gleichen Kapitel des *Tannishō* finden sich auch jene berühmten Worte, in denen Shinran seinen Glaubensstandpunkt, der sich daraus ergibt, d. h. seine feste Überzeugung und den inneren Gehalt seines Glaubens bzw.Vertrauens (*shinjin*), zum Ausdruck bringt. Dies bezieht sich schon auf unsere zweite Leitfrage. Shinran schreibt nämlich: „Für mich, Shinran, gibt es nichts weiter, als an die Unterweisung des guten Menschen glauben, der sagte, dass das bloße Aussprechen des Nembutsu genüge, um von Amida gerettet zu werden". Es mag vielleicht unnötig sein, derart bekannte Worte erneut zum Gegenstand von Erörterungen zu machen. Ich möchte nur um der Feststellung willen folgendes ergänzen: Glaube (oder Vertrauen) bei Shinran bedeutet hier, dass er glaubt, er werde allein durch das Aussprechen des Nembutsu vom Buddha Amida gerettet, und zugleich dass er der buddhistischen Unterweisung eines guten Menschen, d. h. des Meisters Hōnen, vertraut. Der Glaube von Shinran besitzt also eine Doppelstruktur. Einerseits besteht er in dem Glauben, dass man (vom Buddha Amida) gerettet werde, wenn man nur das Nembutsu ausspreche, und diesem Glauben folgt das Aussprechen des Nembutsu notwendigerweise. (Glaube und das Nembutsu sind hier untrennbar miteinander verknüpft und folgen aufeinander.) Andererseits erfährt Shinran diese Wahrheit vom „guten Menschen" Hōnen, d. h. er „glaubt" aufgrund der Lehre eines guten Menschen. Darin zeigt sich der subjektive, ganz auf Hōnen setzende und sozusagen existenzielle Charakter von Shinrans Glauben.

Wir wollen diese Sätze aus dem zweiten Kapitel des *Tannishō* als Leitfaden nehmen und tiefer über das Verhältnis von Übung (*gyō*) und Glauben (*shin*) und von Nembutsu und *shinjin* (glaubendes Herz, Glauben) in Shinrans Lehre nachdenken.

Zunächst wollen wir den Begriff Übung (*gyō*) weiter klären. Das japanische Wort *gyō* bezeichnet menschliches Verhalten im Allgemeinen, also sowohl alle physischen Taten als auch die dahinter stehenden inneren Einstellungen. Doch im buddhistischen Kontext bedeutet der Begriff *gyō*, wie ich angedeutet habe, die für die buddhistische Wegsuche spezifische Praxis überhaupt. In diesem Falle bezieht sich der Begriff also auf vielfache Übungen des Körpers und Geistes (deren Methode und graduelle Abstufung meistens streng und ausführlich festgelegt ist). Aber auch die mannigfachen guten und verdienstvollen Werke zu Ehren Buddhas und zum Wohle der buddhistischen Mönche fallen im breiteren Sinne darunter.

Den Nembutsu-Gedanken der Reines-Land-Schulen vor Shinran kann man in groben Zügen so erklären, dass für sie das wiederholte Aussprechen des Nembutsu (worunter sie die Vorstellung des Buddha im Herzen bei gleichzeitiger mehrfacher Rezitation des Namens verstehen) hauptsächlich als eine Art *gyō* darstellt – eine Nembutsu-Übung also, die man für längere Zeit auszuführen hat.

Aber Shinran geht darüber wesentlich hinaus. Denn aus dem tiefen Selbstbewusstsein, dass er zu keinerlei Übung (*gyō*) fähig ist, glaubt er an seine Rettung „nur durch das Nembutsu". Aus diesem Selbstbewusstsein heraus „sagt er nur das Nembutsu", weshalb für ihn das Nembutsu keine Übung, kein Nembutsu-*gyō* mehr sein kann. Nicht durch die im Nembutsu-Sagen entwickelte Kraft wird man erlöst, oder weil man sich durch den Nembutsu-Dienst Verdienste (*kudoku*) erworben hat. Die Nembutsu-Übung trägt nicht zur Erlösung bei, noch dient sie überhaupt als Mittel zur Erlösung. Shinrans Satz „Nur Nembutsu sagen und von Amida erlöst werden" hat eine ganz andere Bedeutung als in der Lehre der vorhergehenden Nembutsu-Schulen, der zufolge „man das Nembutsu-Sagen als Mittel gebraucht und dadurch erlöst wird". Insofern es Shinrans einzigartiger Glaube ist, dass man das Nembutsu lediglich auszusprechen habe, um gewiss erlöst zu werden, praktiziert man ein Nembutsu, das ausschließlich durch den (eigenen) Glauben bedingt ist. „Glauben und Nembutsu" sind für Shinran also keine Übung mehr. Nach seiner Ansicht besteht zwischen dem bloßen Glauben und dem „bloßen Aussprechen des Nembutsu" weder die Beziehung einer Alternative noch kann man von einer Priorität des einen vor dem anderen reden.

Das Nembutsu bei Shinran

Wenn wir aber den Ausdruck „bloßes Aussprechen des Nembutsu" in dieser Weise verstehen, erhebt sich sogleich eine Frage, ein Einspruch, der nicht leicht von der Hand zu weisen ist. Hält man nämlich, wie ich es oben ausführe, das Nembutsu nicht mehr für eine Übung und betont man dieses Verständnis vor allem anderen, müsste dann der Mensch nicht ohne jede Übung gerettet werden? Und wenn das wirklich der Fall sein sollte, steht diese Lehre Shinrans nicht in ausdrücklichem Widerspruch zum Grundgesetz des Buddhismus, dem Ursache-Wirkungs-Prinzip?

Diese Frage bzw. dieser Einspruch ist ganz natürlich. Man könnte auch fragen, ob der eigentliche Standpunkt Shinrans nicht doch vom oben erörterten Grundrahmen der buddhistischen Wegsuche, nämlich dem System des *Kyō-Gyō-Shō* abweiche und es gewissermaßen links liegen lasse? Oder ob sich Shinran letztendlich nicht doch in einen Widerspruch zum grundlegenden Ursache-Wirkungs-Gedanken begibt? Diesen Fragen müssen wir nachgehen.

Die Antwort ist, kurz gesagt, dass Shinran die Grundeinstellung des Buddhismus niemals übersieht oder ihr gar widersprechen möchte. In seinem Denken ist die Übung (*gyō*) weiterhin für die Verwirklichung der Erleuchtung notwendig und unentbehrlich. Dennoch ist er sich bewusst, nur ein gewöhnliches Wesen (*bombu*) zu sein, dem es notwendigerweise unmöglich ist, eine religiös verdienstvolle Tat zu vollbringen. Wie aber vertragen sich diese scheinbar konträren Vorstellungen miteinander? Wie und woher ist nach Shinran die Übung für die gewöhnlichen Wesen zu denken – für jene Wesen also, die sich ihrer Unfähigkeit zur Übung bewusst sind?

Gerade in diesem Punkte kommt es zur großen Entdeckung, zum Innewerden Shinrans; von hier eröffnet sich eine neue Perspektive, findet der Wendepunkt in Shinrans Denken statt. Wenn es nämlich für den gewöhnlichen Menschen prinzipiell unmöglich ist, die mannigfaltigen buddhistischen Übungen auszuführen, wenn aber

Erlösung ohne die Übung bzw. Tat unmöglich ist, so muss, damit man Erlösung erlangen kann, irgend eine andere Übung bzw. Tat beteiligt sein, die außerhalb der Möglichkeiten des Menschen liegt. Shinrans Innewerden besteht nun gerade darin, zu erfahren, dass es der Buddha, nämlich Amida selbst ist, der hier die Erlösung möglich macht, indem er die erforderliche Übung bzw. Tat sozusagen an Stelle der Menschen vollbringt; der Buddha bereitet selbst den Boden für die Verwirklichung bzw. Erlösung des gewöhnlichen Menschen. Gerade auf diese Tatsache richtete Shinran sein Augenmerk. Zu keinem anderen Schluss hätte er kommen können; so musste sich ihm der Sachverhalt notwendigerweise darstellen. Jedenfalls ist dies eine große Wende der Gedankenrichtung und sicherlich Shinrans größte und bedeutungsvollste Entdeckung.

Die gewöhnlichen Wesen werden also nach Shinran nicht erlöst, weil sie mit dem Nembutsu Verdienste ansammeln. Innerhalb der Vorstellungswelt der Nembutsu-Schulen vor Shinran war dieser Gedanke immer noch vorherrschend und schien der Sachlage ganz angemessen zu sein. Selbst Shinran war, wenn man die früheren Entwicklungsphasen seines Denkens in Betracht zieht, dieser Vorstellung zumindest zugeneigt und hatte sich von ihr beeinflussen lassen. Reste dieser Vorstellung mögen in ihn noch eine ganze Weile begleitet haben. Aber Shinrans letzte, endgültige religiöse Erfahrung konnte erst dann vollständig zutage treten, als er noch einen Schritt weitergegangen war und diesen Standpunkt transzendiert hatte. Diese Entwicklung und Vertiefung des Bewusstseins in Shinrans religiöser Existenz wurde später in einem Dreistufenschema erklärt, der sogenannten „Wandlung gemäß den drei Gelübden" (*sangan tennyū*). Diesen Begriff können wir aber nicht eingehender erörtern.

Wir werden, um das noch einmal zu wiederholen, also nicht erlöst, indem wir positives Karma in Form des Nembutsu anhäufen. Solche Verdienste brauchen wir nicht zu erwerben, genauer gesagt, können wir es auch gar nicht. Und gerade deshalb vollbringt Buddha Amida selbst an unserer Stelle die Übung. Je mehr es dem gewöhnlichen Wesen bewusst wird, dass es zu keiner Übung oder Tat *fähig* ist, desto stärker verfestigt sich in ihm nach Shinran die Überzeugung, dass der Buddha selbst an seiner Stelle die Tat vollbringt und für es wirkt. Darauf vertraut Shinran und kann in keiner anderen Weise darüber denken. Nur von hier aus können wir auch die einzigartige und entscheidende Interpretation des Begriffs „Große Übung oder Tat" (*daigyō*) verstehen, der gerade mit Shinrans Auslegung des Begriffs „Übung" bzw. „Tat" (*gyō*) in Zusammenhang steht. Er ist dann folgendermaßen zu verstehen: das Nembutsu, welches wir aussprechen, ist eigentlich nichts anderes als die Stimme Buddhas, womit er (also Buddha selbst) uns anruft und an uns denkt. In dieser Weise lässt sich die Interpretation Shinrans nachvollziehen: unsere Übung oder Tat, unser Nembutsu-Sagen ist danach nichts anderes als Buddhas Übung, d. h. die *Große Tat*, die Buddha selber an unserer Stelle vollbringt und uns in Gnade zurechnet. Als Voraussetzung für die Möglichkeit dieses Verständnisses findet sich bei Shinran der wichtige Gedanke der sogenannten „Zwei Aspekte des tiefen Glaubens" (*nishu jinshin*), auf den ich unten in einem anderen Zusammenhang zurückkomme.

Der Glaube bei Shinran

Soweit haben wir Shinrans eigentümliches Verständnis der buddhistischen Übung bzw. Tat im Vergleich zur traditionell buddhistischen Sichtweise im Allgemeinen untersucht. Das Nembutsu ist keine Übung (*gyō*), und doch ist es auch eine Übung, und zwar die Große Übung (*daigyō*), nämlich die Übung des Buddha Amida. Oder umgekehrt: das Nembutsu ist eine Übung oder Tat, aber es ist auch keine Übung. Hierin besteht die Schwierigkeit, sich über den Begriff „Übung" oder „Tat" im Sinne Shinrans zu verständigen. Es ist nicht nur eine Schwierigkeit für uns, sondern darin liegt auch die Bedeutung des „bloßen Aussprechens des Nembutsu". Das Wort „bloß" bedeutet hier selbstverständlich die Ausschließlichkeit des Nembutsu, die Haltung, nur das Nembutsu und nicht andere Übungen zu praktizieren. Dies führt uns zur Lehre des „alleinigen Nembutsu-Sagens", die vor allem Hōnen, der Meister Shinrans, nachdrücklich betont hat (*senju nenbutsu*).

Das ist aber noch keinesfalls alles. „Bloßes Aussprechen des Nembutsu" bedeutet, dass man das Nembutsu weder als eine Übung, d. h. für einen Sinn oder Zweck, noch als eine Bedingung oder Methode der Erlösung (Verdienstansammlung) praktiziert. Sondern das bloße Nembutsu-Sagen entspringt ausschließlich dem Glauben, dass man mit dem bloßen Aussprechen des Nembutsu von Buddha gerettet werde. „Bloßes Nembutsu" entsteht gerade da, wo man bemerkt und darauf vertraut, dass die Rettung durch Amida gewiss ist. Dabei glaubt man, dass es Buddha selbst sei, der das unfähige gewöhnliche Wesen anruft, dass er an dessen Stelle die Stimme erhebe. Bloßes und ausschließliches Aussprechen des Nembutsu ist in diesem Sinne die Übung oder Tat, die sich aus dem Glauben ergibt und so wesentlich mit ihm verbunden ist.

Von hier aus können wir auch den oben erwähnten Gesamtzusammenhang von Shinrans religiöser Vorstellungswelt verstehen, wie er ihn explizit in seiner Hauptschrift *Kyōgyōshinshō* entwirft. Es ist für die Struktur der Erlösung bei Shinran unentbehrlich, dass das Moment des *shin* (also des Glaubens) zum Grundkonzept des Buddhismus überhaupt, nämlich dem System Lehre-Übung-Verwirklichung (*kyō-gyō-shō*), hinzugefügt wird. Freilich ist es keineswegs so, dass dem Buddhismus im Allgemeinen dieses Moment *shin*, Vertrauen bzw. Glaube, fehlte oder dass es für ihn entbehrlich wäre.

Im traditionellen Buddhismus scheint das Moment des Glaubens bzw. Vertrauens durchweg als umfassende Voraussetzung in den ganzen Prozess der religiösen Wegsuche einzugehen. Was man allgemein darüber sagen kann, scheint dem Schema *shin-kyō-gyō-shō* zu entsprechen: Zunächst „glaubt" (*shin*) man der Lehre (*kyō*), d. h. man vertraut ihren Methoden zur Erlösung, den „Übungen". Durch die Anwendung dieser Methoden (*gyō*) wird der Glaube an die Lehre bewährt, und so erlangt man schließlich die „Verwirklichung" (*shō*).

Aber in der Lehre Shinrans ist der Glaube (*shin*) im Gegenteil als unentbehrliches Element in die Struktur der Erlösung hineingenommen und steht in einem ganz speziellen, intimen Zusammenhang mit der Übung. Die Übung (*gyō*) ist hierbei die Große Übung bzw. Tat, wie ich sie oben beschrieben habe. Der Glaube entsteht also im Zusammenhang mit dieser Übung bzw. er orientiert sich auch als Glaube an der Verbindung von Lehre und Übung. Und aus dieser Gesamtverbindung des Übungs-Moments (das ja mit dem Lehre-Moment verbunden ist) mit dem Glaubens-Moment kann es erst zum Erweis (Verwirklichung, d. h. *shō*) kommen.

Das Wesentliche der inneren Strukur des *kyō- gyō - shin-shō* kann man vielleicht auf folgende Weise darstellen:

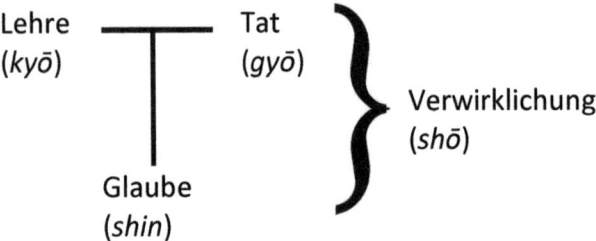

Lehre (*kyō*) — Tat (*gyō*)

Glaube (*shin*)

} Verwirklichung (*shō*)

Das „Bloße Aussprechen des Nembutsu" innerhalb dieses umfassenden Zusammenhanges möchte ich „Nembutsu des Glaubens (*shinjin*)" nennen, eine Bezeichnung, die nach dem oben Gesagten verständlich sein dürfte.

Wenn wir die Begriffe „Tat" (*gyō*) und „Glaube" (*shin*) auf diese Weise in ihrem Zusammenhang verstehen, wird klar, dass der religiöse Standpunkt Shinrans – und insbesondere sein Gedanke der Erlösung – vor dem Hintergrund des prinzipiellen Standpunkts des Buddhismus im Allgemeinen eine sehr eigentümliche Stellung einnimmt und erst so seine ganz eigene Bedeutung gewinnt. Einerseits steht Shinrans Position fest auf dem Boden des überlieferten Buddhismus und weicht keineswegs davon ab. Andererseits aber will er nicht nur beim traditionellen Rahmen und Standpunkt, der ja in Japan bis zu seiner Zeit die Hauptströmung ausmachte, stehen bleiben, sondern er entwickelt ihn weiter und vollzieht eine Wendung. In Shinrans Denken sind die beiden Seiten – „Überlieferung und eigene Verwirklichung" (*denshō to koshō*) – jederzeit präsent und eng miteinander verbunden. Daran kann man, so scheint es mir, die Tiefe von Shinrans philosophischer Einsicht und zugleich die Schärfe seiner religiösen Empfindung erkennen. Dies offenbart sich, denke ich, besonders klar in Shinrans Verständnis der Begriffe „Tat" (*gyō*) und „Glaube" (*shin*).

Der Deutlichkeit halber will ich es noch einmal zusammenfassen: „Tat" bzw. „Übung" sind von entscheidender Bedeutung für die buddhistische Lehre im Ganzen, gerade durch dieses Moment lässt sich der Buddhismus im Vergleich zum Christentum charakterisieren (wobei ich selbstverständlich an den christlichen *Glauben* denke und nicht leugne, dass auch im Christentum das Element der Tat, der „Werke" eine gewisse Rolle spielt). Auch in der Lehre Shinrans gehört das Wort „Tat" (*gyō*) zu den Schlüsselbegriffen. Die Tat ist für ihn eben das Nembutsu, und zwar das bloße Aussprechen des Nembutsu. Dieses Aussprechen bedeutet aber, um es explizit zu sagen, keinesfalls einen platten Imperativ wie etwa: „Sag bloß das Nembutsu!", „Sprich den Namen Amidas aus!", oder noch simpler: „Sagt das Nembutsu, so werdet ihr erlöst!". Für Shinran ist das Nembutsu weder eine derartige Übung oder Tat, noch wird durch seine Kraft (das darin liegende Verdienst) die Erlösung erwirkt. Das Nembutsu ist weder ein Mittel zur Erlösung noch ein sozusagen magischer Zauberspruch.

Das Nembutsu und der Glaube (*shinjin*)

Wie ausgeführt, liegt die Besonderheit der Lehre Shinrans gerade darin, die Begriffe Glauben (*shin*) und Tat (*gyō*) zueinander in Beziehung zu setzen und zu betonen. Dieser Glaube (*shin*), auch *shinjin* (vertrauensvolles Herz) genannt, ist letzten Endes kennzeichnend für Shinrans

Lehre und in ihr von zentraler Bedeutung, weshalb diese Lehre im Ganzen des Buddhismus eine Sonderstellung einnimmt. In diesem Zusammenhang ist manchmal auf die Ähnlichkeit bzw. Verwandtschaft mit dem Christentum – etwa der lutherischen Lehre, das Heil erlange man „allein durch den Glauben" (*sola fide*) – hingewiesen worden. Darin liegt sicherlich ein wahrer Aspekt. Aber auch in diesem Fall bedeutet Glaube (*shin*) für Shinran nicht einfach „Glaube einzig und allein", oder „Glaubet, dann werdet ihr erlöst!".

Der Glaube, so wird oft behauptet, stehe im Gegensatz zum Wissen der menschlichen Vernunft oder zum Denken des Intellekts, er bezeichne eine Haltung, die eine Behauptung ohne intellektuelle Logik oder rationale Grundlage akzeptiere, und zwar einfach so, wie eine solche Behauptung von einer Autorität vorgetragen werde. Diese Haltung stelle ein wesentliches Element der Religion dar, und es sei für die Religion unmöglich, ohne sie auszukommen. – Gewiss ist es unleugbar, dass die Religion in ihrem Wesen generell ein solches Element enthält, weshalb sie vom intellektuellen Rationalismus der gegenwärtigen Menschen in Allgemeinen entfernt ist und von ihnen mit Misstrauen betrachtet wird. Aber das Wesen der Religion liegt keinesfalls in Aufforderungen wie: „Glaube das mit Inbrunst" oder „Glaube das, so wirst du erlöst!", wie es z. B. die radikalen und manchmal sogar gefährlichen religiösen Bewegungen, die in der Gegenwart auftauchen, behaupten (als ob man damit die Reinheit und Absolutheit als Religion beweisen könnte!). Jedoch können wir hier dem wahren „Glauben", wie er von den verschiedenen eigentlichen Religionen bestimmt wird, nicht im Einzelnen nachgehen.[4]

---

[4] Näheres in Kapitel 3, S.95ff.

Shin oder *shinjin*, um wieder auf Shinrans Glauben zurückzukommen, bedeutet nicht einfach ein „Glaube nur!"
oder, dass man ohne Vernunft und Denken Glaubens-
überzeugungen unmittelbar annimmt. Der Glaube Shinrans besteht vielmehr nach den oben zitierten Worten
darin, dass man „bloß durch das Aussprechen des Nembutsu vom Buddha Amida gerettet werde", d. h. dass
man von der Möglichkeit der eigenen Erlösung hört und
zutiefst an ihre Wahrhaftigkeit glaubt. Der Leitfaden dieses Glaubens ist offensichtlich das Grundgelübde, denn
man hört vom Gelübde des Buddha Amida und seinen
konkreten Wirken und glaubt daran. Laut einem anderen
Wort Shinrans besteht der Glaube bzw. das Vertrauen
(*shin*) darin, „von der Herkunft und Vollendung des Buddhagelübdes, ohne Zweifel daran zu hegen, zu hören"
(zitiert aus dem *shin*-Buch des *Kyōgyōshinshō*). Das ist
nichts anderes als das „Hören-Glauben" (*monshin*), der
hörende Glaube bzw. das glaubende Hören, von dem
Shinran immer wieder spricht.

Das Grundgelübde, nämlich die achtundvierzig Gelübde
des Buddha Amida, welche im *Großen Sūtra des Unermesslichen Lebens* vorgetragen werden, setze ich als bekannt voraus, sodass ich auf eine ausführliche Erläuterungen verzichte. Kurz gesagt, gelangt Shinran zur festen
Überzeugung und Einsicht, dass das Wesen und Wirken
dieser Gelübde im Ganzen das endgültige Prinzip und den
einzigen Grund für die Erlösung aller Menschen, abgibt —
die allerschlechtesten gewöhnlichen Wesen selbstverständlich eingeschlossen. Darauf als Grundlage des eigenen Heils zu vertrauen und dies anzunehmen, ist Shinrans Glaube, und das Aussprechen des Nembutsu hierbei
sozusagen ein einwilligendes Nicken. Der Glaube ist letzten Endes nichts anderes als eine Form, in der die

Fremdkraft wirkt. Ich zitiere noch einige andere Worte aus dem Anfangskapitel des *Tannishō*.

„Wenn wir glauben, dass wir durch Amidas unergründliches Gelübde gerettet werden und dadurch die Hingeburt erreichen können, und wenn demzufolge in uns der Gedanke aufsteigt, Nembutsu auszusprechen, dann schon lässt er uns die Gnade der Aufnahme und des nie wieder Verlassenwerdens zuteil werden".

Die Fremdkraft wirkt in Wirklichkeit schon in uns und erreicht uns. Der Entschluss, das Nembutsu auszusprechen, und die „Tat", tatsächlich das Nembutsu zu sagen, sind schon von der Fremdkraft gegeben. Das bedeutet, dass nicht nur die „Tat" eigentlich eine Tat der Fremdkraft – oder wie es bei Shinran heißt, die „Große Tat" (*daigyō*) – ist, sondern auch der „Glaube", der so denkt und sich entschließt, ist ein Glaube der Fremdkraft, also der „Große Glaube" (*daishin*), der von Buddha geschenkt wurde. So und nicht anders versteht und empfindet Shinran. (Die theoretische Interpretation Shinrans, dass sowohl die „Tat" als auch der „Glaube" eigentlich die Tat bzw. der Glaube Buddhas sind, findet sich im *Gyō*- bzw. *Shin*-Buch des *Kyōgyōshinshō* und wird dort eingehend erörtert. Wir können hier aber nicht weiter darauf eingehen.)

Gerade in dieser Lehre können wir den Höhepunkt des Fremdkraft-Gedankens sehen. Unser Nembutsu und unser vertrauendes Herz (*shinjin*) gehören einerseits uns, andererseits aber auch nicht. Die berühmten Worte über das Nembutsu aus dem zehnten Kapitel des *Tannishō* – „Beim Nembutsu gilt Nichterwägen als Erwägen" – weisen gerade in diese Richtung. Stets sucht man im Nembutsu nach dessen Ursache und Grund, d. h. nach dessen Wirkkraft und betrachtet es als Bedingung für die Erlösung; aber all das ist im buddhistischen Sprachgebrauch *hakarai* – Kalkulation, Erwägung, Grübelei, es ist nutzlos und sogar falsch. Das Nembutsu erfordert keine Sinngebung, keine Begründung von unserer Seite. Ohne Sinn oder sinnlos zu sein, gerade das ist der einzige Sinn des Nembutsu. Dieses sozusagen „sinnlose Nembutsu" (das „Nembutsu ohne Erwägen") kann nichts anderes sein als ein Nembutsu der Fremdkraft.

In dieser Weise ist unser Glaube (*shinjin*) sowohl der unsrige als auch nicht der unsrige. Denn dieser Glaube ist nach Shinran „der vom Tathāgata gegebene Glaube" (*Tannishō*, 6. Kap., Schluss od. Nachwort). „*Shinjin* wird durch die Kraft des Gelübdes [vom Buddha] zugeteilt." (*Kyōgyōshinshō* III, Nr.65) Dieser Glaube besteht offensichtlich nicht darin, dieses und jenes sozusagen blindlings zu glauben, etwas gleichsam gedankenlos zu schlucken und sich darauf zu verlassen. Vielmehr heißt *shinjin*, sich dessen bewusst zu werden, dass die Erlösung Buddhas immer schon in uns wirkt und wir jetzt schon in dieses Wirken eingeschlossen sind: diese Überzeugung oder Vergewisserung ist gerade das Wesentliche am Glauben Shinrans.

Nach all dem ist es klar, dass es für uns gemeine Wesen, angesichts der Tatsache des „Nembutsu der Fremdkraft" und des „*shinjin* der Fremdkraft" außerordentlich wichtig ist, den Gedanken des *hōon* zu pflegen. Wenn man *on* wie oben als „erwiesene Wohltat", „geschenkte Gnade" oder das „erfreuliches Gut" übersetzt, so ist die von der Fremdkraft erwiesene Wohltat, die wir empfangen haben, unvergleichlich Weise groß und wertvoll. Sie zu erwidern (*hōon*), diese Wohltat zu empfinden und dafür zu danken, ist der Sache nach gerecht und selbstverständlich. Das *hōon* in der *Jōdo*-Shinshū richtet sich zuerst an Shinran, eigentlich gilt es aber dem Buddha Amida und dessen Wirken selbst. Dieses *hōon* aber hat nichts mit der eingangs erklärten Logik des Vergeltens bzw. Zurückerstattens einer Wohltat zu tun, wo man seinen Dank durch die Rückgabe von etwas Entsprechendem ausdrückt. Denn das *hōon*, von dem Shinran spricht, richtet sich auf die Fremdkraft, d. h. auf das Wirken des Buddha Amida, für das eine Rückerstattung auf gleichem Niveau gar nicht denkbar ist. Was wir gemeinen Wesen dafür „erwidern" oder „vergelten" können (ich möchte diese Begriffe eigentlich gar nicht gebrauchen, da sie sachlich unzutreffend und sogar missverständlich sind), ist letzten Endes nichts anderes als unsere Freude über die Fremdkraft; wir können uns freuen, dass uns das Nembutsu gegeben ist und wir ihm jetzt wirklich begegnen. Die Herkunft der Fremdkraft zu vernehmen, ihr zu vertrauen, und sich über sie zu freuen – dies ist sicherlich das einzige *hōon*, das uns möglich ist, und darin liegt gewiss auch der Sinn und Zweck des *Hōonkō*-Festes.

Schlussbetrachtung

Um anlässlich des *Hōonkō*-Festes über die Begriffe *hōon* bzw. *on* in der *Jōdo Shinshū* sprechen zu können, haben wir uns eingehend mit dem Begriffspaar „Tat" (*gyō*) und „Glaube" (*shin*) auseinandergesetzt, das von Shinran in einer spezifischen charakteristischen Beziehung miteinander verbunden wird. Shinran nimmt einerseits den prinzipiellen Standpunkt des Buddhismus ein, andererseits entwickelt er ein neues Verständnis desselben. Durch die eigentümliche Beziehung zwischen „Tat und Glaube", so meine Erläuterungen, hängen diese beiden Seiten zusammen und berühren sich.

Die Frage nach „Tat und Glaube" im Denken Shinrans bzw. nach der Beziehung zwischen „Nembutsu und Shinjin" ist in der *Jōdo Shinshū* seit alters her auf vielfältige Weise aufgeworfen und beantwortet worden. In der shin-buddhistischen Dogmatik beispielsweise gab es eine akademische Diskussion zur sogenannten „Theorie von *gyō* und *shin*" (*gyōshinron*). Sozusagen als Glaubensartikel (*shinkō kajō*) der Schule zur Frage, auf welche Weise sich „Tat und Glaube" aufeinander bezögen und welchem Begriff die Priorität zukomme, existiert die traditionelle Formel: „Das vertrauensvolle Herz ist die wahre Ursache, das Ausrufen des Namens Rückerstattung der Güte" (*shinjin shōin, shōmyō hōon*).

Im gegebenen Rahmen habe ich darauf verzichtet, solche dogmatischen Probleme im Einzelnen abzuhandeln. Ebenso wenig war es meine Absicht, den besagten Glaubensartikel selbst zu prüfen und zu erklären, geschweige denn mich selbst in die Diskussion einzumischen und das traditionelle Verständnis kritisch zu hinterfragen. Ich wollte lediglich die Eigentümlichkeit der Lehre Shinrans anhand eines wichtigen Aspekts darstellen.

Zweite Vortragsreihe (2004)

II. Die Religion der Fremdkraft

Einleitung

Im vorjährigen Seminar habe ich aus Anlass des *Hōon-kō*-Festes über den Begriff *hōon* gesprochen, der in der *Jōdo Shinshū* vor dem Spannungsverhältnis der Begriffe „Glaube" (*shin*) und „Praxis" bzw. „Tat" (*gyō*) verstanden werden muss. Dabei habe ich versucht, die Bedeutung und, wie ich auch meine, innere Größe des Gedankens der Fremdkraft (*tariki*) bei Shinran herauszuarbeiten, wobei ich die Eigenarten seiner Lehre vor dem Hintergrund der Hauptströmungen des damaligen japanischen Buddhismus behandelt habe.

So dürften der religiöse Standpunkt Shinrans und die Struktur seiner Glaubenslehre wenigstens in den Umrissen klar geworden sein. Es ist allerdings noch eine Reihe von Fragen offengeblieben, und weitere Fragen sind hinzugekommen, die ich folgenderweise formulieren möchte: Wie kommt es zu diesem religiösen Standpunkt, der das Vertrauen bzw. den Glauben in den Mittelpunkt der Lehre rückt? Welche religiösen Gedanken und Vorstellungen bilden dabei das Fundament? Beide Fragen zielen auf den konkreten Gehalt und das eigentliche Wesen des vertrauensvollen Herzens (*shinjin*) bzw. des Glaubens bei Shinran.

Aus diesem Fragekomplex möchte ich drei Themenschwerpunkte herausgreifen: Das erste Thema sollen die sogenannten „Zwei Aspekte des tiefen Glaubens" (*nishu jinshin*) sein, in denen sich Shinrans Sicht vom Wesen und der Entstehung des Glaubens widerspiegelt. Als zweites

Thema möchte ich den Namensruf (*myōgō*) behandeln. Dieser ergibt sich nach Shinrans Deutung in seiner Essenz aus dem Grundgelübde des Buddha Amida, und bildet offensichtlich den Schlussstein, in welchem Glaube und Tat kulminieren. Beide Themen möchte ich aufgreifen, um Shinrans Tatbegriff zu charakterisieren.

Als drittes und letztes Thema will ich auf das „Reine Land" selbst zu sprechen kommen, um das es sich ja dreht, wenn von der Geburt in dieses Land die Rede ist. „Reines Land" (*jōdo*) und „Hingeburt ins Reine Land" (*jōdo ōjō*) sind sicherlich die zentralen Begriffe des Amida-Buddhismus im weitesten Sinne. Auch diese Frage möchte ich von einer Perspektive aus erörtern, die weiteres Licht auf die Beziehung zwischen „Glaube" und „Praxis" werfen kann.

Es dürfte klar sein, dass jeder dieser drei Punkte für sich eine Kernfrage des Shinranschen Reines-Land-Buddhismus bildet. Ich habe jedoch keine komplizierten und detailreichen Exegesen im Sinne, sie seien Fachleuten für Shin-buddhistische Dogmatik überlassen. Es soll ja nicht um akademische Debatten und Erörterungen gehen, vielmehr möchte ich die angesprochenen Probleme in ihrem roten Faden grob skizzieren, um vor ihrem Hintergrund darzustellen, wodurch Shinrans religiöser Standpunkt entscheidend geprägt und charakterisiert wird.

Die Dynamik des Glaubens bei Shinran

Unser erstes Thema, die „Zwei Aspekte des tiefen Glauben" (*nishu shinjin*), ist nach Shinran aufs engste mit der Entstehung des Glaubens (*shinjin*) verknüpft. Schon in dem Vortrag, der Shinrans Verständnis von Glaube und Praxis behandelte, habe ich den Gedanken kurz ins Spiel gebracht (siehe oben, S.37). Man unterscheidet zwischen dem „Tiefen Glauben an das *ki* (d. h. an die Beschränktheit der eigenen karmischen Situation)" und dem „Tiefen Glauben an das *hō* (d. h. den rettenden Dharma)". Der Glaube und die ihm folgende Nembutsu-Praxis stammen nach Shinran nämlich aus dem tiefen und festen Bewusstsein, dass der Mensch selbst zu keinerlei Übung (*gyō*) fähig ist. Wenn ein Mensch also „bloß das Nembutsu ausspricht", ist das für Shinran keine Übung mehr, sondern die Tat des Buddha, der es äußert und dem Menschen schenkt.

Hiermit steht eine vertiefte Reflexion über den Menschen in Zusammenhang: Der Mensch muss sich als „gewöhnliches Wesen, das von schwersten negativen karmischen Einflüssen gezeichnet und vom mächtigsten Leidenschaften erfüllt ist"[5] erkennen. Er muss ein starkes Bewusstsein für die eigene Ohnmacht entwickeln. Dieses reflexive Bewusstsein der eigenen Unzulänglichkeit, das verzweifelte Anerkennen der eigenen Seinsweise ist mit dem Ausdruck „Tiefer Glaube an das *ki*" gemeint. Gleichzeitig aber tritt auf der anderen Seite die Wahrheit von Buddha Amidas Hauptgelübde hervor, das ja allen Wesen Erlösung verspricht und gerade für solche Menschen wirksam ist. Sich dieser Wahrheit zu vergewissern und sie als solche anzunehmen, bezeichnet man als „Tiefen Glauben an das *hō*".

Ki und *hō* treten im Buddhismus üblicherweise als einander entgegen gesetzte Begriffe auf. Während *hō* die allgemeine und ursprüngliche Wahrheit, die Soheit (*shinnyo*) bzw. das Gesetz (den Dharma) als solches, be-

---

[5] *Kyōgyōshinshō* Bd.2, Nr.27. Englische Übersetzung in: Jōdo Shinshū Hongwanji-ha: *The Collected Works of Shinran. Volume I* (Kyōto: Honganji shuppansha, 1997) Abk. *CWS I.*

zeichnet, drückt *ki* die konkrete Situation aus, in welcher der Dharma in jedem einzelnen Fall verwirklicht wird.

Wichtig ist hierbei jedoch, dass der „Tiefe Glaube an das *hō*", also die Bestätigung dieser allgemeinen, ursprünglichen Wahrheit, und der „Tiefe Glaube an das *ki*", also die Erkenntnis der eigenen verzweifelten Wirklichkeit als gewöhnliches Wesen, in der Tat untrennbar sind und nur miteinander bestehen können. Diese „Zwei Aspekte des tiefen Glaubens" sind für sich genommen gänzlich heterogen und inhaltlich vollkommen gegensätzlich, doch sind beide eng miteinander verbunden und bedingen sich gegenseitig. Aus diesem Grunde betrachtete Shinran sie als eine Einheit: sie seien, so schreibt er, „zweierlei und zugleich eines (*nishu ichigu*)".

Genauer ausgedrückt, könnte man es so auffassen: Der „Tiefe Glaube an das *hō*" bezieht sich auf das Unermessliche Licht des Buddha Amida, also die Wahrheit, dass der Buddha alle Menschen rettet, während der „Tiefe Glaube an das *ki*" dasselbe, jedoch in Bezug auf das Dunkel, d. h. die diesem Licht abgewandte Schattenseite des menschlichen Daseins, bedeutet. Denn der Mensch scheint von diesem Licht kaum erreicht zu werden, er nimmt es nicht wahr und kehrt ihm den Rücken zu. Wie aber verhalten sich beide Seiten zueinander, wie sind sie miteinander verknüpft? Während Licht und Finsternis eigentlich Gegensätze sind, gehören beide Aspekte zum „Tiefen Glauben" des Menschen, was man auf Japanisch mit der Formel *kihō ittai* – *ki* und *hō* sind eins – ausdrückt. Hier kann man eine für Shinran äußerst typische Denkbewegung erkennen, der Glaube besitzt für ihn eine einzigartige dynamische Struktur.

Woher empfing Shinran die Anregung zu dieser Unterscheidung zwischen dem *ki*- und dem *hō*-Aspekt des „Tiefen Glaubens"? Von Seiten der Buddhologen und Dogmatiker wird darauf hingewiesen, dass Shinran in seiner Hauptschrift *Kyōgyōshinshō* im Band über den Glauben eine Textpassage aus Shandaos Kommentar zum „Betrachtungssūtra" (c. *Guanjingshu*, j. *Kangyōshō*) zitiert, in welcher dieser über die sogenannten „drei Geisteshaltungen bzw. drei Herzen (*sanshin*)"[6] spricht.

Den Gedanken über die „Zwei Aspekte des tiefen Glaubens" entwickelt Shandao im Rahmen seiner Erklärungen zur zweiten Geisteshaltung, dem „Tiefen Herzen" (*jinshin*). Nach Shandao besteht der „Tiefe Glaube an das *ki*" darin, „tief und fest daran zu glauben, dass ich gegenwärtig ein karmisch negatives, gewöhnliches samsarisches Wesen bin, das seit langen Äonen immer in dieser Weise [ins Samsara] versunken ist und [in ihm] umhergetrieben wird, ohne über die Voraussetzungen zu verfügen, sich davon zu befreien."[7] Dagegen sei der „Tiefe Glaube an das *hō*", dass man dennoch „tief und fest daran glaubt, dass die achtundvierzig Gelübde des Buddha Amida die Wesen ergreifen und dass man, wenn man ohne Zweifel und Vorbehalte auf die Kraft des Gelübdes vertraut [und so bleibend an ihr teilhat], sicherlich Hingeburt erlangen wird."[8]

Diese „Zwei Aspekte des tiefen Glaubens" – das feste Bewusstsein der eigenen Situation (*ki*) und das sichere Vertrauen auf die rettende Kraft des Buddha (*hō*) – sind für Shandao keinesfalls disparat, sondern beziehen sich aufeinander und sind eng miteinander verbunden. Der „Tiefe Glaube an das *ki*", der sozusagen das Extrem der

---

[6] Das „aufrichtige Herz", die „Freude des Vertrauens" bzw. das „tiefe Herz" und der „Wunsch nach Hingeburt".
[7] zitiert in: *Kyōgyōshinshō* Bd.3, Nr. 13.
[8] Ebda.

Niedergeschlagenheit darstellt, bringt gerade den „Tiefen Glaube an das *hō*", das freudvolle Extrem, hervor und umgekehrt. Shandao erkannte mit anderen Worten, dass beide Seiten derselben Wurzel entspringen.

Shinran hat diesen Gedanken von Shandao übernommen und darin einen wesentlichen Zug des Reines-Land-Glaubens überhaupt erkannt; erst hier entdeckte er die Radikalität des Glaubens (*shinjin*). Wie ich schon in einem früheren Vortrag erklärt habe (vgl. S.38), besteht Shinrans Glaube, „allein durch das Aussprechen des Nembutsu gerettet zu werden", ja keineswegs darin, dass er sich durch das Verdienst oder die Wirkung der Nembutsu-Praxis gerettet fühlte. Sein Glaube beruht vielmehr ausschließlich auf der festen Überzeugung, dass er zu „keinerlei Praxis fähig sei". Er hält sich für nichts als einen gewöhnlichen Menschen, der übles Karma angesammelt hat und voll von Leidenschaften ist, und einzig und allein deshalb spricht er das Nembutsu aus. Dennoch ist sein Glaube zugleich getragen vom festen Vertrauen, dass er im Grunde durch das Gelübde Buddha Amidas gerettet ist. Indem Shinran diese zwei, dem normalen Verständnis nach kaum miteinander zu vereinbarenden, ja geradezu gegensätzlichen Überzeugungen in ihrer gemeinsamen Wurzel erkennt und zu einer einzigen verbindet, entdeckt den Glauben der *Jōdo Shinshū*.

Die Logik des Glaubens (*shinjin*)

Aber wie ist es möglich, dass hier zwei Dinge, die sich nach der üblichen Logik gar nicht unmittelbar verbinden lassen, zu gleicher Zeit in eins gesetzt werden? Ist hier etwa eine „Glaubenstatsache" ausgesprochen, die sich der normalen Logik entzieht? Man könnte es für eine Glaubenstatsache halten, die Shinran einfach von Shadao übernommen hat. Shinran hat aber auch durchaus logische Betrachtungen angestellt, er hat wenigstens versucht, logisch zu erfassen, warum hier zwei sich widersprechende Ansätze zu einem einzigen verknüpft werden müssen. Wie aber verlief der Denkprozess, in welchem Shinran sich dieses Sachverhalts vergewisserte und seine Notwendigkeit erkannte? Kann man, auch wenn es nicht logisch konsistent sein mag (und eigentlich unmöglich ist), nicht doch eine logische Gedankenentwicklung beobachten? Ich denke, hier erkennt man die Dynamik, in welcher Shinran den Glauben denkt.

Zu diesem Ansatz, der zwei logisch normalerweise nicht zu vereinbarende, ja geradezu entgegengesetzte Dinge in eins setzt, finden sich in Shinrans Schriften einige Passagen, die zur Klärung weiter beitragen können, auch wenn sie inhaltlich nicht ganz im gleichen Kontext stehen. Als ein Beispiel gebe ich die folgenden zwei Verse aus dem *Shōshinge*. Sie gehören dort zum Lobpreis auf den Patriarchen Genshin:

煩悩障眼雖不見
大悲無倦常照我

Obwohl meine von Leidenschaften
    geblendeten Augen nichts sehen,
    leuchtet mir die große Barmherzigkeit
    unermüdlich und immer.[9]

Hier werden also zwei Aussagen über das Licht der Barmherzigkeit des Buddha Amida gemacht: Einerseits sind meine Augen „von Leidenschaften geblendet", so

---

[9] Dies sind die zwei letzten Verse, die vom sechsten Patriarchen Genshin handeln. Vollständige deutsche Übersetzung des Werkes z. B. in: „Shōshin Ge", Ryūkoku Translation Series, 1966.

dass sie das Licht der „großen Barmherzigkeit" gar nicht sehen können; andererseits umfasst mich das Licht der Barmherzigkeit des Buddha Amida, es leuchtet mir „unermüdlich und immer". Zwischen beiden Aussagen besteht ursprünglich keine Beziehung, sie sind nicht direkt miteinander zu verbinden. Logisch besteht zwar kein Widerspruch zwischen ihnen, aber man kann keine kausale Verbindung zwischen ihnen feststellen, dergestalt, dass die eine Aussage die andere bedingte. Wenn man zwischen beiden Aussagen einen Zusammenhang herstellen will, so kann das nicht anders als durch eine paradoxe Logik geschehen, die in der konzessiven Konjunktion „obwohl" ausgedrückt wird. Mit anderen Worten besagen die Verse: Meine Augen sind von Leidenschaften verblendet, sie können das Licht der Gnade nicht wahrnehmen und wissen gar nichts davon. *Trotzdem* leuchtet das Licht der Gnade uns törichten Menschen unaufhörlich.

Die zwei Sachverhalte, die in den Versen ausgedrückt werden, sind nur auf logisch paradoxe Weise verbunden, jedenfalls gehen sie nicht im üblichen Sinne kausal auseinander hervor. Für Shinran folgt das Nebeneinanderstehen bzw. die Verknüpfung dieser Sätze nicht der normalen Logik, sondern entspringt, wie man vielleicht sagen kann, seinen Überzeugungen und Hoffnungen. Freilich sind es nicht seine Privatüberzeugungen und -hoffnungen, sondern Shinran hat sie aus den Sūtren und den Belehrungen früherer Meister übernommen und kann sich auf dieses historische Material berufen. Die Lehre Genshins etwa, die er hier wiedergibt, beruht wohl ebenso wie der Gedanke der „Zwei Aspekte des tiefen Glaubens" auf den Lehren Shandaos. Shinran übernimmt also eine Deutungstradition und setzt sie fort.

Shinrans Überzeugungen sind meiner Meinung nach jedoch nicht nur aus den Sūtren und der Tradition abgeleitet. Vielmehr entdeckt er in den überlieferten Lehren eine gewisse logische Konsequenz, und aus ihr stammt die Gewissheit, hier ist sie begründet. Dies lässt sich etwa anhand unseres Beispiels verstehen: Während zwischen beiden Zeilen sicherlich ein paradoxes Verhältnis besteht (Obwohl...), erkennt Shinran scharfsinnig, dass der zweite Satz mit einer gewissen Notwendigkeit aus dem ersten folgt und von ihm her zu begreifen ist. Man müsste es also folgendermaßen deuten:

Obwohl meine von Leidenschaften
  geblendeten Augen nichts sehen,
leuchtet mir *gerade deshalb* die große Barmherzigkeit
  unermüdlich und immer.

Die Logik bleibt hier nicht bei der paradoxen Beziehung stehen, sondern sie denkt sich die Aussagen in einem Folgeverhältnis, das eine gewisse Notwendigkeit mit sich bringt; erst so wird die Aussage zur Gewissheit.[10] Je tiefer Shinran über die eigene Situation, die mit dem ersten Teil der Aussage beschrieben ist, nachdenkt, desto klarer wird ihm die Wahrheit des zweiten Teils der Aussage. Umgekehrt, je mehr er die Wahrheit des zweiten Teils der Aussage einsieht, umso tiefer empfindet er, dass der erste Teil der Aussage tatsächlich seine eigene Situation beschreibt. Die Logik der Verbindung ist sozusagen wechselseitig, aber in ihrer Wechselseitigkeit ist sie auch notwendig.

---

[10] Selbstverständlich heißt das nicht, dass beide Aussagen nun gemäß der üblichen Logik aufeinanderfolgen und miteinander identifiziert werden.

Es ist eigentlich nicht schwer, weitere Passagen zu finden, in denen Shinran selbst diesen Sachverhalt des gegenseitigen notwendigen Verhältnisses in leicht verständlicher logischer Form erklärt. Er liegt in gewissem Sinne in der Natur der Sache selbst. Als nahe liegendes Beispiel zitiere ich eine Stelle aus dem neunten Kapitel des *Tannishō*. In dieser Passage wird Shinran von einem Schüler gefragt, warum sich der Mensch nicht stärker über das Nembutsu freue und schneller in das Reine Land geboren werden möchte. Darauf antwortet Shinran: „[...] Wenn ich es mir genau überlege, so glaube ich, dass uns die Hingeburt umso sicherer ist, weil wir uns damit nicht über das freuen, worüber wir uns freuen sollten. [...] So wissen wir, dass das barmherzige Gelübde der Fremdkraft für uns da ist und finden es umso vertrauenswürdiger." Zweimal kommt hier der Ausdruck „umso [mehr]" vor, der geschickt die Notwendigkeit der Verbindung zweier gegensätzlicher Sachverhalte, die Wechselseitigkeit ihrer Verknüpfung ausdrückt.

Shinrans große Erkenntnis ist die Entdeckung, dass genau darin die große Barmherzigkeit des Buddha ursprünglich bestehen muss. Das Licht des Buddha ist nur deshalb ein Licht der großen Barmherzigkeit, weil es denen leuchtet, die es eigentlich gar nicht sehen können, die im Schatten leben, in einer Dunkelheit, die im strengen Sinne das Gegenteil des Lichts ist. Unsere schwachen Augen sehen es nicht, werden davon nicht berührt. Aber gerade deshalb entsteht das Licht der Großen Barmherzigkeit. Gerade solche Wesen wie wir sind sein Ziel, nur darum heißt es das Licht der Großen Barmherzigkeit.

Weil Amidas Licht ursprünglich so beschaffen ist, nennt man es auch das „unermessliche" oder das „unbegrenzte Licht". Es ist ganz anders als das gewöhnliche (natürliche)

Licht. Das natürliche Licht wird heller und sichtbarer, je näher man ihm kommt. Aber das Licht des Buddha reicht gerade in die Schattenbereiche und ins Dunkel. Es erreicht Personen, die es nicht sehen können, die es gar nicht bemerken oder sogar fliehen. Doch erreicht dieses Licht den Menschen nicht in der Weise, dass es alle Schatten und das Dunkel einfach vertreibt und alles hell werden lässt. Wenn das Licht den Menschen erreicht, vertieft sich das Dunkel eher. Dem Menschen wird der Schatten nun erst bewusst, und er nimmt ihn nun erst wahr. Aber dadurch, dass sich das Dunkel vertieft, und der Mensch die Schatten kennenlernt, lernt er auch das Licht des Großen Mitgefühls kennen, das ihn umstrahlt, und er weiß nun, wie tief er sich im Dunkel und im Schatten befindet.

Je weiter man sich von einer natürlichen Lichtquelle entfernt, desto tiefer wird das Dunkel und desto schwärzer werden die Schatten. Aber dieses Licht wird durch das Dunkel und die Schatten noch strahlender, und dadurch, dass es das Dunkel erleuchtet, verstärkt sich sein Wirken sogar noch. Während Licht und Dunkel bzw. Licht und Schatten eigentlich Gegenpole sind, sind sie miteinander verbunden, und ihre gegenseitige Anziehung nimmt zu. Je mehr man Schatten und Dunkel in sich selbst erkennt, desto klarer wird einem nach und nach auch das Licht der Großen Barmherzigkeit, und je stärker umgekehrt das Licht des Großen Barmherzigkeit leuchtet, desto tiefer erkennt man in sich das Dunkel.

Wenn wir nun wieder auf die „Zwei Aspekte des tiefen Glaubens" zurückkommen, verstehen wir, dass die schon erwähnte Formel „Zweierlei und zugleich eines", mit der das Verhältnis von *ki* und *hō* charakterisiert worden war, diesen Aspekten strukturell vollkommen analog ist. Die

Aspekte des tiefen Glaubens, der Glaube an *ki* und der an *hō*, sind, wie wir gesehen haben, einander entgegengesetzt oder wenigstens nicht unmittelbar miteinander verbunden. Wenn man sie aber in der Dimension einer religiös-subjektiven Reflektion und Suche erfasst, ist das eine notwendigerweise mit dem anderen verbunden, die Vertiefung des einen Aspekts führt notwendigerweise zu einer Vertiefung des anderen.

Der „Tiefe Glaube an das *ki*" verstärkt sich noch, je mehr man ihn im Gegenlicht des „Tiefen Glaubens an das *hō*" betrachtet, und auch der „Tiefe Glaube an das *hō*" gewinnt gerade vor dem Hintergrund des „Tiefen Glaubens an das *ki*" an Überzeugungskraft. Beide Formen des „Tiefen Glaubens" sind zwar einander entgegengesetzt, aber es sind zwei Seiten ein und derselben Glaubenshaltung, sie sind ursprünglich eins und entspringen derselben Wurzel. Selbstverständlich ist diese Beziehung zwischen *ki* und *hō* in ihrer Gegensätzlichkeit nicht zu verstehen, solange man sie vom Standpunkt der Eigenen Kraft *(jiriki)* aus betrachtet. Denn wenn man sich auf den Standpunkt der Eigenen Kraft stellt, versucht man ja gerade, beide Seiten einander anzunähern und möglichst direkt zu verbinden. Dagegen wird die Logik des *kihō ittai* – *ki* und *hō* sind zweierlei und doch zugleich eins – erst möglich, wenn man die Eigene Kraft fallenlässt und vollkommen aufgibt. – Je leuchtender das Licht, desto dunkler und tiefer der Schatten. Oder anders formuliert: je stärker ein Gummiband in zwei Richtungen auseinander gezogen wird, desto stärker wird die Kraft, die die zwei Enden wieder zueinander treibt, desto deutlicher wird, dass diese beiden Enden zusammengehören. Ebenso verhält es sich mit dem Glauben an das *ki* und dem Glauben an das *hō*: Je mehr sich diese beiden Aspekte des

Glaubens in ihrer Gegensätzlichkeit vertiefen, desto stärker wirken sie aufeinander und desto deutlicher wird ihre innere Einheit. Dass die zwei auseinanderdriftenden Aspekte des Glaubens eigentlich eins sind, ist für Shinran eine ganz grundlegende Logik, hier zeigt sich die dynamische Struktur seines Glaubens, und der Gedanke der Fremdkraft lässt sich dadurch besonders deutlich charakterisieren.

Das Vertrauen in die Fremdkraft

Der „Tiefe Glaube an das *ki*" und der „Tiefe Glaube an das *hō*" müssen also in untrennbarer Verbindung gedacht werden. Die innere Reflexion, die dem „Tiefen Glauben an das *ki*" zugrunde liegt, und die eifrige Hingabe, in der sich der „Tiefe Glaube an das *hō*" äußert, sind beide wesentliche Faktoren in Shinrans Glauben, sie gehören zu dessen unentbehrlichen Momenten, und es ist deshalb nicht richtig, einen Aspekt besonders hervorzuheben und den anderen darüber zu vernachlässigen. Wenn Shinran beide Aspekte als gleichrangig und gleichgewichtig ansieht und wenn er mit Nachdruck auf ihre Einheit verweist, dann tut er es wohl, weil er sich der Gefahr eines solchen Missverständnisses bewusst ist und davor warnen will. Allerdings hat es in der Geschichte der *Jōdo Shinshū*, wie man leider einräumen muss, immer wieder die Tendenz gegeben, einen der Aspekte überzubetonen und ihn einseitig zu bevorzugen.

Was bedeutet es, wenn Shinran die beiden Aspekte des „Tiefen Glaubens" für gleichermaßen wichtig hält und ihre Einheit betont, und welche Absicht verfolgt er damit? Hier lassen sich verschiedene Zusammenhänge denken. Ich möchte aber, um ein grundlegendes Problem anzusprechen, auf Folgendes hinweisen: Auf der einen

Seite wirkt der „Tiefe Glaube an das *ki*" gegen den Eigendünkel des Menschen, der sich aufblähen will, gegen die Anmaßung (*zōjōman*), auf der anderen Seite wirkt der „Tiefe Glaube an das *hō*" gegen den Eigendünkel, der sich selbst herabsetzt und falsche Bescheidenheit (*higeman*) vorgaukelt. Umgekehrt gesagt, fürchtete Shinran, dass ein einseitiger Glaube an das *hō* zur Selbstüberhöhung führen könnte, während ein Mensch, der den Glauben an das *ki* einseitig betont, in Gefahr ist, einer dünkelhaften Selbsterniedrigung zu verfallen. Beides wollte Shinran unbedingt vermeiden.

„Sich-Anmaßen" (*zōjō*) bedeutet, dass man sich einbildet, mehr zu sein als man ist, dass man ein übermäßiges Selbstbewusstsein besitzt. „Sich Herabsetzen" (*hige*) bedeutet hingegen, dass man sich zu wenig zutraut, dass man sich in übertriebener Weise geringschätzt. Beide Verhaltensmuster sind zwar einander entgegengesetzt, laufen aber am Ende gleichermaßen auf Eigendünkel hinaus, es ist die gleiche Vermessenheit. Die Vermessenheit – oder wenn ich ein etwas altmodisches deutsches Wort gebrauchen darf, die Hoffart (*kyōman*) – wird im Buddhismus schon seit Buddha Śākyamuni als die am tiefsten verwurzelte und am schwersten zu überwindende negative Eigenschaft des Menschen betrachtet. Shinran warnt uns hier eindringlich vor der Gefahr, den „Glauben an das *ki*" oder den „Glauben an das *hō*" überzubetonen und dadurch dieser Vermessenheit in einer der beiden Richtungen – Selbstüberhöhung oder Selbsterniedrigung – zu erliegen. Wenn man den „Tiefen Glauben an das *hō*" übermäßig betont und sich im Glauben der *Jōdo Shinshū* zu sicher darin ist, dass man durch das Grundgelübde des Buddha Amida gerettet wird, äußert sich das leicht in Überheblichkeit, man schaut auf die anderen Menschen, die diesen Glauben nicht teilen, herab und fühlt sich ihnen überlegen. Das ist selbstverständlich nichts anderes als Eigendünkel. Wenn man andererseits den „Tiefen Glauben an das *ki*" übertreibt, sich selbst erniedrigt und als – ach! – so gewöhnlichen, bösen Menschen verachtet, steckt darin letztlich doch ein Bewusstsein, dass man sich von anderen unterscheidet; man fühlt sich privilegiert, weil man ja das Ziel des Grundgelübdes ist. Das ist ebenso Überheblichkeit, eine Form der Anmaßung und des Stolzes, nur eben mit umgekehrtem Vorzeichen. In den beiden Fällen ist das menschliche Kalkulieren (d. h. das sogenannte *hakarai*) federführend.

Diese beiden Formen der Vermessenheit sind aus der Geschichte wohl bekannt. Sie äußerten sich in Missverständnissen in Bezug auf den Glauben der *Jōdo Shinshū* – man spricht in der shin-buddhistischen Buddhologie von „Heterodoxien" (*igi*) oder „falschen Glaubensgewissheiten" (*ianjin*). Bereits im *Tannishō* (und zwar im 13. Kapitel), dem „Buch der Klage über die abweichenden Ansichten", werden der „Stolz auf das Gelübde" (*honganbokori*) bzw. der „Stolz darauf, ein schlechter Mensch zu sein" (*akuninbokori*), kritisch erwähnt. Der übermäßige, falsche Stolz auf den eigenen Glauben an das Gelübde, der übersieht, dass man ein gewöhnliches, mangelhaftes Wesen ist, und der falsche Stolz auf die eigenen Negativitäten, der sich als Objekt der Erlösung wähnt und darüber die Absolutheit der Fremdkraft vergisst, sind zwei immer wieder zutage tretende Möglichkeiten, den Glauben der *Jōdo Shinshū* misszuverstehen. Dabei ist das eine nicht besser als das andere, es ist nur dessen umgekehrte Form. Beide Formen des Stolzes zu vermeiden, ist die eigentliche Schwierigkeit des echten Glaubens; sie be-

gründet die Notwendigkeit, den eigenen Glauben immer-
zu der Selbstreflexion und -prüfung zu unterziehen.

Wir sind vielleicht etwas vom Thema abgewichen, aber
Folgendes sollte klar geworden sein: der Gedanke der
„Zwei Aspekte des tiefen Glaubens", wie er hier dargestellt wurde, ist ein wichtiger Punkt, mit dem sich Shinrans Glaube an die Fremdkraft in seinen Besonderheiten
konkret und sehr deutlich herausarbeiten lässt. Wenn
gleichzeitig immer wieder auf die Formeln „Zweierlei und
zugleich eines", „*ki* und *hō* sind eins", zurückgegriffen
wird, verdeutlicht das nur, wie schwierig es ist, diese Idee
zu erfassen und den Glauben auf rechte Weise zu bewahren. Aus diesem Grund hat man die Reines-Land-Lehre,
obwohl sie im Buddhismus als „Pfad der leichten Übung"
gilt, als die schwierigste Lehre überhaupt (*nanjin no hō*)
bezeichnet. Shinrans religionsphilosophische Bestrebun-
gen hängen sicherlich eng mit diesem Punkt zusammen.

Der Namensruf (*myōgō*)

Soviel zu Inhalt und der Tragweite von Shinrans Auffassung der „Zwei Aspekte des tiefen Glaubens", die einen wesentlichen und charakteristischen Zug des shin-
buddhistischen Glaubensverständnisses ausmachen.
Selbstverständlich bilden sie die Grundlage für den shin-
buddhistischen Glauben, oder deutlicher gesagt, machen
sie die Grundproblematik hinter dem „Glauben an die
Fremdkraft" aus. Dagegen bezieht sich unser zweites
Thema, auf das wir im Folgenden zu sprechen kommen,
der Namensruf Buddhas (*myōgō*), offensichtlich auf die
Tat (*gyō*).

„Tat und Glaube" stehen, wie schon früher ausführlich
behandelt (siehe S.39), in einer ganz besonderen Bezie-

hung. Der Name des Buddha ist uns gegeben. Aber sobald wir den Namen rufen, sobald wir also das „Nembutsu der Ausrufung des Namens" (*shōmyō nembutsu*) vollziehen, ist das für uns sicherlich eine Tat bzw. Übung. Da wir uns jedoch als Menschen erkennen, die „zu keiner Übung fähig" sind, wird uns diese Tat vom Buddha geschenkt: es ist seine „Große Tat", von der wir hören und die wir im Glauben annehmen („Hören-Glauben"). Soweit hängt das Problem des Namens zutiefst mit der Wirklichkeit des Glaubens zusammen. Welche Bedeutung hat aber die Beziehung zwischen „Tat und Glauben" für den Namen? Wie beeinflusst sie das Verständnis des Namens? Indem ich einen Blick auf diesen Problemkreis werfe, möchte ich Wesen und Bedeutung von Shinrans Namensverständnis nachgehen.

Die *Myōgō*-Lehre zählt gemeinhin zu den schwierigsten Problemen der Shin-buddhistischen Buddhologie bzw. Dogmatik. Im gegebenen Zusammenhang können wir jedoch nicht in die buddhologische Fachdiskussion eintreten. Vielmehr möchte ich von der allgemeinverständlichen, einfachen Frage ausgehen: Was ist dieser Name bzw. Namensruf des Buddha (*myōgō*)? Wie ereignet sich der Namensruf? Und warum ist er in der *Jōdo Shinshū* der Ursprung, der Dreh- und Angelpunkt für die Erlösung?

Allgemein ist in den Religionen auf der Welt die Vorstellung weit verbreitet, dass der Name des höheren Wesens, das sie verehren – sei es eine Gottheit oder ein Buddha – schon an sich heilig und mit seiner Anrufung irgendeine Wirkung verbunden sei. Dabei wird dem Namen auf unterschiedliche Weise eine Bedeutung zugrunde gelegt oder eine Begründung gegeben. Wie verhält es sich aber mit dem Namensruf des Buddha (*myōgō*) und mit der Ausrufung des Namens (*shōmyō*)? Warum spielt er für die Erlangung des religiösen Heils eine solche Rolle, und wie muss man sich das denken?

Die *Jōdo Shinshū* deutet den Namensruf aus dem Grundgelübde, das Shinran in direkte Beziehung zum Namensruf setzt. Im zweiten Band des *Kyōgyōshinshō* leitet Shinran die Herkunft und Entstehung des Namensrufs aus Amidas Grundgelübde ab, welches er insbesondere im Zusammenhang mit dem 17. Gelübde versteht. Das 17. Gelübde nennt man auch das „Gelübde vom Ruf aller Buddhas". Es besagt, dass alle Buddhas Amida hochhalten (*shobutsu shōyō no gan*) und seinen Namen preisen werden (*shobutsu shōmyō no gan*). Denn Amida gelobte, nur dann die Buddhaschaft zu realisieren, wenn ab diesem Zeitpunkt alle Buddhas der Buddhawelten seine Majestät und Verdienste lobpreisen und seinen Namen, also das *Namo Amida Butsu*, aussprechen würden. Der Namensruf tritt also ursprünglich als Tat des Buddha (bzw. der Buddhas) in den Buddhawelten in Erscheinung, er verdankt sein Entstehen dem Grundgelübde des Buddha Amida und ist Teil dieses Gelübdes. Gerade deshalb ist der Namensruf für Shinran die „Große Tat", d. h. er ist ursprünglich die Tat des Buddha oder auch die Tat aller Buddhas weit und breit. Das ist das erste, was über den Namensruf zu sagen ist: seine Herkunft und Entstehung.

Gleichzeitig wird der Namensruf dem gewöhnlichen Menschen geschenkt, er ist ihm jedenfalls bekannt. Ganz anders als die Weisheit und das Licht der Barmherzigkeit, das seine Augen nicht sehen können und das er nicht begreifen kann, ist ihm im Namensruf ein Wort gegeben, das leicht zu merken und leicht auszusprechen ist (*Tannishō*, 11. Kapitel). Indem der Mensch den Namen ausruft, also das *Namo Amida Butsu* spricht, hat er teil an der Großen Tat des Buddha, er begegnet dessen Grundgelübde und kann sich von ihm helfen lassen. Dies ist das zweite, was über den Namensruf (*myōgō*) bzw. das Ausrufen des Namens (*shōmyō*) zu sagen ist: es ist seine grundlegende Bedeutung, die Weise, wie er prinzipiell zu verstehen ist.

Eine Frage ist allerdings immer noch offen geblieben: warum bewirkt das Aussprechen des Namens, etwa in der konkreten Formulierung *Namo Amida Butsu*, die Rettung durch den Buddha, und wie sollte das geschehen? Ich brauche nicht zu wiederholen, dass das Nembutsu der Ausrufung des Namens (*shōmyō nembutsu*) keine Beschwörungsformel ist, bei der den Worten selbst irgendeine magische Kraft zukäme. Die endgültige Erlösung wird keineswegs durch die Kraft und Wirkung der Worte selbst erlangt. Schließlich ist für Shinran, wie ich erklärt habe, die Ausrufung des Namens im Nembutsu keine „Tat" im gängigen Sinne; man erlangt die Erlösung nicht, weil man Verdienste in der Nembutsu-Übung ansammelte. – Die Ausrufung des Namens bewirkt, dass uns die Hilfe des Buddha zuteil wird: aber wie kommt man zu dieser Feststellung, und worauf beruht sie?

Auf diese Frage wird natürlich oft geantwortet, dies sei ein „Mysterium", d. h. etwas Unergründliches (*fushigi*). Schließlich habe Shinran selbst dieses Wort wiederholt gebraucht, wenn er im *Tannishō* z. B. vom „unergründlichen Gelübde", dem „unergründlichen Namensruf" und der „unergründlichen großen Barmherzigkeit Amidas" spricht. Aber wenn wir weiterfragen, was mit diesem Wort „unergründlich" eigentlich gemeint ist, dann finden wir vielleicht Anhaltspunkte, die zu einer Klärung beitragen können.

Ein solcher Anhaltspunkt, auf den ich hinweisen möchte, ist Shinrans häufige Verwendung der Formulierung „den Namen hören" (*mommyō*). Den „Namen zu hören" bedeutet nach alltäglichem Verständnis, dass man das Nembutsu, das man selbst oder ein anderer spricht, in seiner Lautgestalt akkustisch wahrnimmt. Aber Shinran meint nicht nur das. Der Ausdruck impliziert gleichzeitig, dass man den ursächlichen Hintergrund des Namensrufs „hört". So verstanden, fällt das Hören unmittelbar mit der Wirklichkeit des Glaubens (*shinjin*) zusammen. Denn das Hören ist in diesem Falle nichts anderes, als was Shinran im *Kyōgyōshinshō* (Bd. 3 Nr. 65) formuliert: „Hören ist, wenn man vom Gelübde des Buddha, wie es entstanden ist und vollendet wurde, hört und keinen Zweifel daran hegt." Im „Hören des Namens" (*mommyō*) ist dieses Hören auf natürliche Weise enthalten und inhaltlich mitzudenken.

In dieser Weise schließt der Namensruf den Bezug auf die Herkunft und Vollendung des Buddhagelübdes ein, er enthält gewissermaßen alle Weisheit und Barmherzigkeit dieses Gelübdes. Der Namensruf ist zwar der Name Buddhas, mithin ein Wort; da er aber alle Wahrheit des Buddha einschließt, ist er ein wahres Wort. Diese beiden Seiten, nämlich die Wahrheit des Buddha und dessen Gelübde einerseits, und der Namensruf, in dem alle Wahrheit eingeschlossen ist, andererseits, hat Shinran im *Kyōgyōshinshō* und anderen Schriften in Form der Beziehung zwischen dem „Dharmakörper in seiner Dharmanatur" (*hosshō hosshin*) und dem „Dharmakörper als geschicktes Mittel" (*hōben hosshin*) beschrieben. Der „Dharmakörper in seiner Dharmanatur" ist die ursprüngliche Seinsweise in ihrer absoluten Soheit (der Buddhaschaft) an sich. Dieser „Dharmakörper besitzt weder

Farbe noch Gestalt. Deshalb kann der Geist ihn nicht fassen, und Worte können ihn nicht beschreiben" (*Yuishinshō mon'i*) [11] Wenn dieser Dharmakörper Gestalt annimmt und zu Worten wird, ist es der „Dharmakörper als geschicktes Mittel". Er ist dann nichts anderes als der Namensruf *Namo Amida Butsu*. Im *Kyōgyōshinshō* heißt es: „Aus dem Dharmakörper in seiner Dharmanatur entsteht der Dharmakörper als geschicktes Mittel. Aus dem Dharmakörper als geschicktes Mittel entsteht der Dharmakörper in seiner Dharmanatur."[12] Die Beziehung zwischen beiden ist nicht der Beziehung zwischen dem Ding an sich und der Erscheinung zu vergleichen, wie wir sie aus der Philosophie Kants kennen; es ist aber auch keine Emanation aus dem Einen, wie sie der Neuplatoniker Plotin lehrte, sondern beide bilden für Shinran „eine in wechselseitiger Hin- und Herbewegung begriffene kreisförmige Struktur."[13]

Auf eine detaillierte Erklärung der Logik muss ich hier verzichten. Jedenfalls stammt der Namensruf aus Buddhas ganzer Weisheit und Barmherzigkeit. In ihm ist alle Wahrheit Buddhas enthalten, alles tritt in ihm hervor. In diesem Sinne ist der Namensruf das wahre Wort, das allein durch Amidas Grundgelübde Rettung ermöglicht. Dies ist die Beziehung zwischen Grundgelübde und Namensruf. Es ist der Dreh- und Angelpunkt im Denken Shinrans und der *Jōdo Shinshū*, dass durch dieses wahre Wort (den Namensruf) die Rettung durch den Buddha Amida vollendet wird.

---

[11] *CWS I*, S. 461.

[12] *Kyōgyōshinshō*: Bd. 4 Nr. 17. *CWS I* S. 165.

[13] Ōmine, Akira 1989: *Kagetsu no shisō. Tōzai shisō no taiwa no tame ni* 花月の思想 – 東西思想の対話ために [*Das Denken der Natur – Zu einem west-östlichem Gedankenaustausch*] Tōkyō: Kōyō shobō, S. 65ff.

Davon ausgehend, muss man auch den Sinn des „Aussprechens und Lobpreisens des Namens", das so genannte *shōmyō*, verstehen. Wie erwähnt, ist die Ausrufung des Namens nichts anderes als dem wahren Wort an der Stelle, wo es entsteht und in Erscheinung tritt, zu begegnen und es zu empfangen. Den Namen zu rufen, ist die einzige Form, in der man Buddha begegnet. Aber nach Shinran ruft nicht der Mensch den Namen des Buddha, sondern es ist Buddha selbst, der den Buddha ruft: Buddhas eigene Stimme preist den Buddha, er selbst kündet sich sozusagen mit dem Namen an. Im *shōmyō* empfangen wir in diesem Sinne die Stimme, mit der der Buddha den Buddha ruft. Es ist, wie wenn diese Stimme in uns widerhallte, oder wie wenn wir von ihr in Resonanz versetzt würden und in sie einstimmten. Dies ist für Shinran die „Große Tat", und darum spricht er im *Kyōgyōshinshō* vom „Befehl des Grundgelübdes, das uns anruft und einlädt".[14] (Bd. 2 Nr. 34).

Jedenfalls ist der Namensruf damit sinngemäß dem Hören des Namens und sogar dem Aussprechen des Namens gleich, was man auf Formel bringen könnte:

Namensruf (*myōgō*) = Hören des Namens (*mommyō*) = Ausrufen des Namens (*shōmyō*)

In diesem gedanklichen Rahmen gehören auch Shinransche Formulierungen wie „bloß das Nembutsu" oder das „Nembutsu ohne Berechnung" (aus dem zweiten bzw. zehnten Kapitel des *Tannishō*). Wenn der berühmte Erfüllungssatz des 18. Gelübdes aus dem „Großen Sūtra des Unermesslichen Lebens" von den Wesen spricht, die „seinen Namen gehört haben und voll Freude glauben

---

[14] *Kyōgyōshinshō* Bd. 2, Nr. 34.

(*monshin myōgō, shinjin kangi*)", bezieht er sich damit selbstverständlich auf denselben Sachverhalt.

Das Gelübde und der Namensruf

Obwohl es außerordentlich wichtig ist, die Bedeutung des Namensrufs in der *Jōdo Shinshū* zu verstehen, trifft man auf subtile Verständnisschwierigkeiten. Daher gab es schon von Anfang an Unterschiede in der Interpretation des Namensrufs und gegensätzliche Akzentuierungen des Ansatzpunktes. Ein altes, aber typisches Beispiel dafür findet man im elften Kapitel des *Tannishō*, wo zwei Positionen erörtert werden, die gegensätzlich sind und gerade deshalb zu Missverständnissen führen.

Ich kann dieses Problem nicht bis ins Detail erörtern, aber grob gesagt, handelt es sich darum, dass hier eine Alternative zwischen der so genannten „Unergründlichkeit des Gelübdes" (*seigan fushigi*) und der „Unergründlichkeit des Namensrufs" (*myōgō fushigi*) angedeutet wird, und die Frage lautet dann, ob sich das Vertrauen auf den Namensruf oder das Gelübde beziehen sollte. Das eigentlich Missverständliche und Unsachgemäße an der Frage ist dabei die Art und Weise, wie die beiden Begriffe voneinander getrennt und unabhängig behandelt werden. In der shin-buddhistischen Buddhologie bezeichnet man dies seit alters her als die „Falsche Spekulation, die aus der Neigung entspringt, das Gelübde und den Namen zu trennen" (*seimyō besshū no ikei*), und Yuien, der Autor des *Tannishō*, wollte auf die Problematik und Gefahr, die in diesem Punkt liegt, hinweisen.

Für uns heutige Menschen ist gar nicht so leicht zu erkennen, worin der Unterschied zwischen den beiden Positionen überhaupt besteht. Warum sollten sie problematisch oder gar gefährlich sein? In der schulmäßigen Buddhologie vermutet man, dass dahinter der Gegensatz von „Einmaligem Nembutsu" und „Mehrmaligem Nembutsu" stehe, der in Shinrans Zeit unter den Schülern Hōnens heftig diskutiert wurde.

Auch wenn man es nur vom Standpunkt des allgemeinen Glaubens betrachtet und sich nicht weiter auf den fachlichen Streit einlässt, ist doch leicht einzusehen, dass eine Position, die einseitig die „Unergründlichkeit bzw. das Mysterium des Gelübdes" betont, zum einmaligem Nembutsu tendieren wird, während ihre Gegenposition, „die Unergründlichkeit bzw. das Mysterium des Namens" zu betonen, eher zum „Mehrmaligen Nembutsu" führt. Im ersten Falle liegt das Missverständnis nahe, dass üble Taten kein Hindernis bedeuteten (*zōaku muge*). Denn man kann ja argumentieren, die Wirkung des Gelübdes an sich sei das Unergründlichste überhaupt und sichere die Erlösung voll und ganz. Wenn ein Mensch dem Gelübde vertraue und das Nembutsu einmal gesprochen habe, könne er also tun, was er wolle. Im zweiten Falle aber, wenn man das „Unergründlichkeit des Namens" betont, wird man leicht zu einem „Eiferer um gute Werke und äußere Weisheit" (*kenzen shōjin*). Da das Wirken des Namens entscheidend sei und Priorität habe, glaubt man dann nämlich, den Namen so oft wie möglich ausrufen und rigoros gute Werke vollbringen zu müssen. Beide Positionen sind offensichtlich extrem und entsprechen nicht Shinrans Glaubensverständnis.

Wenn Yuien an dieser Stelle des *Tannishō* auf das Problem hinweist und seine Gefahren aufzeigt, liegt das wohl nicht nur an dem dogmatischen Streit (um einmaliges und mehrmaliges Nembutsu), den es seinerzeit gegeben hat, sondern allgemeiner an einem Dilemma des

Glaubens selbst. Demgegenüber vertritt Yuien die Untrennbarkeit beider Standpunkte; Namensruf und Gelübde können nicht voneinander getrennt werden. Ich zitiere dazu eine etwas längere Passage aus dem elften Kapitel des *Tannishō*:

„Durch das unergründliche Gelübde hat Buddha Amida den Namen ersonnen, der leicht zu behalten und leicht zu sprechen ist, und er versprach diejenigen [bei sich] aufzunehmen, die Seinen Namen ausrufen. Wenn man zuerst darauf vertraut, dass man durch das unergründliche Wirken des großen barmherzigen Gelübdes Geburt und Tod (Samsara) entrinnen wird, und wenn man bedenkt, dass man das Nembutsu durch die Absicht (*hakarai*) des Tathāgata Amida sagt und es nicht im geringsten aus eigenem Ermessen (*hakarai*) geschieht, dann wird man in Übereinstimmung mit dem Grundgelübde in das Wahre Land der Belohnung hingeboren werden.

Wenn wir uns zutiefst dem unergründlichen Gelübde anvertrauen, ist auch sein unerforschlicher Name eingeschlossen. Sein unergründliches Gelübde und Sein unerforschlicher Namen sind schließlich ein und dasselbe und nichts Verschiedenes."

Hier ist klar und deutlich ausgesprochen, dass der Glaube an das unergründliche Gelübde an sich schon der Glaube an den Namensruf ist, beides ist ein und dasselbe und nicht voneinander zu trennen. Da aber beides als „unergründlich" gilt, gibt es kein Spekulieren (*hakarai*) von Seiten des Menschen mehr. Hier wird klar, was mit der „Religion der Fremdkraft", die auf dem Gelübde des Buddha und dem Namen beruht, gemeint ist.

Hinter dem Namensruf (*myōgō*) steckt eine äußerst sublime Problematik, die freilich wichtige Aspekte einschließt: denn man muss sie einerseits in ihrer Beziehung zum „Hören und Aussprechen des Namens", andererseits in ihrer Beziehung zum „Gelübde" (*seigan*) sehen. Die Schwierigkeit liegt nicht nur darin, dass der Namensruf ein ganz einzigartiger Gedanke ist, sondern die Sache selbst lässt sich schwer fassen. Den Namensruf zu verstehen und auf rechte Weise zu empfangen, ist jedenfalls eine zentrale Aufgabe für den Glauben und die Praxis der *Jōdo Shinshū*.

Das Reine Land

In unseren bisherigen Betrachtungen stand die Frage im Vordergrund, wie Shinran und mit ihm die *Jōdo Shinshū* „Tat und Glaube" grundsätzlich verstehen. Wir haben uns deshalb zunächst mit den „Zwei Aspekten des tiefen Glaubens" und anschließend mit der Bedeutung des Namensrufs auseinandergesetzt und sind auf die jeweilige Problematik etwas ausführlicher eingegangen. Ich brauche kaum zu wiederholen, dass das erste Thema im Wesentlichen Überlegungen zu Shinrans Begriff und Vorstellung vom Glauben bzw. *shinjin* einschloss, während beim zweiten Thema der Tataspekt in Shinrans Denken, nämlich sein Verständnis der religiösen Übung bzw. Praxis, im Zentrum stand.

Im Folgenden möchte ich, wie angekündigt, als drittes Hauptthema den Gedanken des „Reinen Landes" (*jōdo*) behandeln. Die Reine-Land-Vorstellung (oder auch der ihr entsprechende Ort) verweist natürlich auf das höchste Ziel und die ideale Welt, wie sie nicht nur in den verschiedenen Formen des Reines-Land-Buddhismus angestrebt wird, sondern im Mahāyāna-Buddhismus allgemein. Außerdem kann man ganz ähnliche Vorstellungen (vom Reich Gottes, von Paradiesen und Götterhimmeln usw.) vermutlich in fast allen Religionen beobachten.

Vor allem in den verschiedenen Amida-buddhistischen Schulen ist das Reine Land von zentraler Bedeutung, und alles, was oben über „Tat und Glauben" gesagt wurde, ist insgesamt ein Hilfsmittel oder ein Weg, um es zu erreichen. Denn die Geburt ins Reine Land gilt diesen Schulen als die Verwirklichung *(shō)*, d. h. als letzter Beweis für die Lehre.

Wie sieht aber die *Jōdo Shinshū* und insbesondere Shinran das Reine Land und die Hingeburt *(jōdo ōjō)*? Anstatt verschiedene Ansichten über das Reine Land etwa aus der Fach-Buddhologie vorzustellen, möchte ich hier mein eigenes Verständnis mitteilen, wobei ich mir über die Bedeutung des Reinen Landes und der Hingeburt Gedanken machen möchte, sofern sie mit der erörterten Problematik „Glaube und Tat" in Zusammenhang steht.

Zunächst sei gesagt, dass im Mahāyāna-Buddhismus das „Tor des Reinen Landes" *(jōdomon)*, wie man die Schulen des Reinen Landes auch bezeichnet, im Gegensatz zum „Tor des Heiligen Pfades" *(shōdomon)* steht. Während man unter dem „Tor des Heiligen Pfades", wie der Name schon sagt, buddhistische Strömungen versteht, die den Weg eines Heiligen anstreben, indem sie dem „Heiligen Pfad" des Buddhismus folgen und buddhistische Übungen verrichten, wird das „Tor des Reinen Landes" dadurch charakterisiert, dass man auf ein letztes Ziel, einen idealen Bereich ausgerichtet ist. Natürlich können auch die Schulen des Reinen Landes, um ihr Ziel zu erreichen, nicht ganz auf bestimmte Übungen und Aktivitäten (hauptsächlich die Nembutsu-Übung im weitesten Sinne) verzichten. Aber wenn man es grob gegenüberstellt, vertreten die Lehren vom „Tor des Heiligen

Pfades", weil sie sich durch Übung dem letzten Ziel – der Erleuchtung und Buddhaschaft – nähern wollen, doch eher den Standpunkt einer praxisorientierten Religion und dürften somit dem ursprünglichen Buddhismus, der die Übung ebenfalls für unerlässlich hielt, näherstehen. Dagegen wird der Lehre vom „Tor des Reinen Landes" zufolge der Aspekt der Tat zwar nicht ignoriert oder gar vernachlässigt, aber die Bedeutung der Tat an sich nimmt vergleichsweise ab. Die Tat verliert ihren schwer lastenden, wenn nicht gar kasteienden Charakter, so dass man leicht versteht, warum man die beiden Richtungen als „Pfad der schweren bzw. leichten Übung" (*nangyōdō* bzw. *igyōdō*) bezeichnet.

Wenn aber nun im Reines-Land-Buddhismus die Bedeutung der Übung vergleichsweise abnimmt und der Tataspekt geringer wiegt als im Buddhismus allgemein üblich, worauf wird dann stattdessen wertgelegt, und was gilt als notwendig? Wie wir gesehen haben, setzt Shinran die Tat in ihrer Bedeutung nicht einfach herab, sondern entwickelt von ihr ein einzigartiges, grundlegend gewandeltes Verständnis. Wo aber liegt von diesem neuen Verständnis aus betrachtet für den Menschen die Triebkraft zu letzten religiösen Zielen? Welcher Antrieb steckt hinter der religiösen Wegsuche? Die entscheidenden Faktoren scheinen mir, vorläufig geantwortet, der Wunsch nach dem Reinen Land und die Sehnsucht nach Hingeburt zu sein. In der buddhistischen Terminologie spricht man vom „Herz, das sich nach Hingeburt sehnt" (*ganshōshin* oder *yokushōshin).*

Dass die Schulen des Reinen Landes, wie oben erwähnt, wirklich durch den Begriff „Reines Land" charakterisierbar sind, kann man an diesem höchsten Wunsch und Streben erkennen. Da das Gewünschte aber letztlich durch die transzendente Kraft des Buddha erreicht wird, darf man es nicht vom aktiven Handeln und Bemühen des Menschen erwarten, sondern muss es grundsätzlich vom Wirken des Buddha erhoffen. Während das „Tor des Heiligen Pfades" mit dem Standpunkt der Eigenen Kraft (*jiriki*) verbunden ist, führt das „Tor des Reinen Landes" – auch wenn unter diesem einen Begriff zahlreiche Unterschiede und Abstufungen anzutreffen sind – auf den Standpunkt der Fremdkraft (*tariki*).

Gerade Hōnen und später Shinran sind es gewesen, die diesen Standpunkt der Fremdkraft radikal durchdacht und bis an seine Grenze getrieben haben. Ich werde darauf unten etwas gründlicher eingehen.

Der „Wunsch" bzw. die „Sehnsucht nach Hingeburt" (*ganshō* bzw. *yokushō*) ist bei Shinran und in der *Jōdo Shinshū*, wie gesagt, die Grundhaltung, ja geradezu die treibende Kraft der Religion. Im dritten Buch des *Kyōgyōshinshō*, dem Buch über den Glauben (*shin*), findet sich eine längere Passage unter der Überschrift „Frage und Antwort zur Einheit der drei Geisteshaltungen" (*san'ichi mondō*).[15] Die drei Geisteshaltungen, von denen das achtzehnte Gelübde spricht – nämlich der „aufrichtige Geist" (*shishin*), die „Freude des Vertrauens" (*shingyō*) und der „Wunsch nach Hingeburt" – werden hier im Verhältnis ihrer gegenseitigen Abhängigkeit bestimmt und als das grundlegende Problem der Religion und des Glaubens untersucht. Der „aufrichtige Geist" und die „Freude des Vertrauens" sind schon oft diskutiert worden, und ich möchte hier nicht weiter darauf eingehen. Vielmehr möchte ich nur den dritten Punkt, den „Wunsch nach Hingeburt", aufgreifen und meine Gedanken dazu vor-

---

[15] *Kyōgyōshinshō* Bd. 3, Nr. 19ff. *CWS I*, S. 93ff.

tragen, da er im Zusammenhang mit unserem Thema „Reines Land" und Hingeburt" Beachtung verdient.

Zu allererst ist zu fragen, wie Shinran sich, wenn er den „Wunsch" bzw. die „Sehnsucht nach dem Reinen Land" so ernst genommen und betont hat, das Reine Land überhaupt vorstellte. Ich spreche hier nicht über die inhaltliche Definition oder konkrete Vorstellungen, die mit dem Reinen Land verbunden werden (womit ich natürlich die Eigenschaften und Vorzüge des Reinen Landes, wie sie z. B. im „Amida-Sūtra" ausführlich und farbenprächtig beschrieben werden, keineswegs als gegenstandslos oder unwichtig abtun will). Vielmehr geht es mir darum zu fragen, welche Bedeutung das „Reine Land" und die „Geburt ins Reine Land" für die grundlegende religiöse Haltung des Menschen haben.

Ich denke, offen gesagt, dass Shinran sich das Reine Land ganz und gar als transzendente Welt vorstellt. Er versteht es durchgängig in seiner absoluten Dimension. Ein Mensch, der den Glauben erlangt hat, mag darum die Möglichkeit in sich erfahren, nach dem Tod dort wiedergeboren zu werden, und gerade deshalb wird er wohl den „Wunsch" bzw. die „Sehnsucht nach Hingeburt" entwickeln, aber solange er lebt (d. h. dieses gegenwärtige Leben führt), ist das Reine Land für ihn eine transzendente, absolute Welt, auf die er keinen Zugriff hat. Anders formuliert, kann der Mensch nach Shinran durch seine Bemühungen – d. h. durch Entwicklung von Tatkraft und durch religiöse Übungen im allgemein buddhistischen Sinne – das Reine Land im gegenwärtigen Leben nicht erreichen, er kann ihm dadurch nicht einmal näher kommen. Hier spielt Shinrans Bewusstsein, ein „gewöhnliches Wesen voll von übelstem Karma und von Leidenschaften" zu sein, das „zu keiner Übung fähig ist", eine

Rolle. Für ein solches gewöhnliches Wesen ist das Reine Land aus eigener Kraft eben nicht zu erreichen, es kann sich ihm nicht einmal nähern. Man kann diesen Sachverhalt aber auch vom Reinen Land her formulieren: es ist gewissermaßen in seinem Wesen eine transzendente, absolute Welt, und gerade deshalb ist eine Annäherung daran prinzipiell unmöglich. Beide Seiten – strenge Selbstreflexion und Transzendenz des Reinen Landes – sind miteinander verbunden, sodass man sagen kann: das erstere ergibt sich aus dem letzteren und umgekehrt.

Die Hingeburt

Wenn Shinran zu einer solch klaren Selbsterkenntnis und Einsicht findet, wenn er einen engen Zusammenhang zwischen dem Selbstbewusstsein als gewöhnlicher Mensch und der Transzendenz des Reinen Landes erkennt, so ist sein Denken, vom Standpunkt des buddhistischen *mainstream* aus gesprochen, einzigartig, und von diesem weit entfernt.

Man kann den Unterschied auf verschiedene Weise ausdrücken, aber kurz und prägnant ausgedrückt besteht er wohl darin, dass sich Shinran von der hierarchischen Denkart des Buddhismus entfernt hat und sie sogar klar zurückweist. Bekanntlich lehrt der Buddhismus im Allgemeinen verschiedene Stufen des religiösen Erwachens, die der Übende eine nach der anderen erklimmen muss, bevor er das letzte Ziel, die Buddhaschaft erreicht. – Solche Vorstellungen von einer Stufenfolge des religiösen Heils sind übrigens auch in anderen Religionen nicht selten zu finden.

Demgegenüber ist die oben erklärte Einsicht und Selbsterkenntnis Shinrans in gewissem Sinne eine Ausnahme, ein Extrem. Für Shinran steht die Transzendenz und Absolutheit des „Reinen Landes" vollkommen fest, und dies lässt ihm keinen Spielraum mehr, sich eine stufenmäßige Annäherung vorzustellen. Umgekehrt gesagt, sind alle aktiven Bemühungen des Menschen, das Reine Land zu erreichen, vergeblich; das Reine Land erweist sich als das „andere Ufer", das durch Streben aus eigener Kraft überhaupt nicht zu erreichen ist. Man muss das japanische Wort *higan*, „anderes Ufer", meiner Meinung nach im strengen, wörtlichen Sinne nehmen.

Wenn ich es einmal mit etwas abstrakten Begriffen ausdrücken darf, so sind das Unendliche und das Endliche von Natur aus ganz fremdartig. Wie viel Endliches man auch anhäufen mag, wie sehr man es auch erweitern mag – das Endliche wird niemals das Unendliche, es reicht niemals ans Unendliche heran. Auch wenn es für die Erweiterungen des Endlichen keine Grenzen gibt, entsteht dadurch niemals echte Unendlichkeit. Das Reine Land als „anderes Ufer" ist aber für Shinran echte Unendlichkeit, und folglich lässt es keine allmähliche Annäherung, keinen stufenweisen Fortschritt zu.

Von daher ist der „Wunsch" bzw. die „Sehnsucht nach Hingeburt" bei Shinran zu verstehen. Gerade weil das Reine Land, wie eben beschrieben, in seiner Unendlichkeit unerreichbar ist, muss man es sich wünschen und ersehnen. Besser gesagt, kann es nur in der Weise des Wünschens und Ersehnens erkannt und in gewissem Sinne erreicht werden. Dass Shinran den „Wunsch" und die „Sehnsucht nach Hingeburt" so stark betont und ernst nimmt, liegt wiederum an seinem Verständnis vom Reinen Land und seiner Selbstreflexion.

Der „Wunsch" und die „Sehnsucht nach Hingeburt" sind für Shinran mit der Glaubensgewissheit, sie zu erlangen, verbunden. Die Tatsache, dass der Mensch, obwohl er ein gewöhnliches Wesen voll von übelsten Eigenschaften und Leidenschaften ist, den unerschöpflichen „Wunsch nach Hingeburt" im Reinen Land verspürt, ist schon an sich das Versprechen, dass eine höhere Kraft, die diesen Wunsch in Erfüllung gehen lässt, vorhanden ist und wirkt. Die Tatsache verwandelt und vertieft sich also zu der Überzeugung, dass sich gerade darin Sein und Wirken dieser höheren Kraft manifestiert. Wunsch und Sehnsucht von Seiten des Menschen offenbaren in Wirklichkeit das Sein und Wirken der höheren Kraft, und sie stammen aus einem Wunsch, der größer ist als der Wunsch des Menschen, der letzteren in sich schließt. Der Wunsch des Menschen ist nichts anderes als eine Form dessen, was im großen Wunsch – nämlich dem Wunschgelübde (*seigan*) des Buddha – ausgedrückt ist, er ist nichts anderes als dessen Erscheinung.

Von hier aus ist Shinrans Gedanke zu verstehen, dass der Mensch durch das Vertrauen schon im „gegenwärtigen Leben einen Stand erreicht, in dem ihm Gewissheit gegeben wurde" (*shōjōju*) erreicht, d. h. dass er sich schon jetzt sicher sein darf, ins Reine Land geboren zu werden und dort die Buddhaschaft zu erlangen. Da das Reine Land auf jeden Fall eine transzendente, absolute Welt ist, die für den Menschen (jedenfalls im gegenwärtigen Leben) unerreichbar bleibt, scheint es verwirrend und ein Selbstwiderspruch zu sein, wenn nun die Hingeburt als gewiss bezeichnet wird. Aber so ist es keinesfalls. Der Zusammenhang ist eher folgender: Weil die Hingeburt unerschütterlich gewiss feststeht, muss das Reine Land notwendig als transzendent gedacht werden. Aber um die Problematik „Gewissheit im gegenwärtigen Leben" eingehender zu erläutern, müsste man noch auf andere Zusammenhänge zu sprechen kommen, was einfach zu weit führen würde.

Um jedoch wieder zum Thema zurückzukehren: an dieser Stelle ist deutlich eine Art Wendepunkt in Shinrans Denken zu erkennen. Im normalen Sinne liegt hier sicherlich ein logischer Sprung vor. Aber je mehr Shinran die Tatsache ins Auge fasste, dass der gewöhnliche Mensch gar nicht anders kann, als sich nach dem Reine Land zu sehnen, obwohl − oder vielmehr weil − er voll von Leidenschaften und schwerstem negativen Karma ist, desto mehr ergab sich für ihn eine Art Notwendigkeit, und er musste darin das Erscheinen und Wirken einer höheren Kraft erkennen. Dies ist keine logische Notwendigkeit, sondern eine für eine Realisation religiösen Heils faktische Notwendigkeit.

Freilich, wenn man dies als eine faktische Notwendigkeit und Wahrheit auffasst, betrachtet man dies als eine Wahrheit des Vertrauens bzw. Glaubens (*shinjin*). In der Tat ist der Sachverhalt hier kein anderer als jener, den ich oben behandelt habe, als ich den Begriff der „Zwei Aspekte des tiefen Glaubens" erklärt habe. Meiner Meinung nach liegt ihm eine analoge Struktur zugrunde.

Wir haben auch dort den Sachverhalt als „Glauben" („Tiefen Glauben") betrachtet. In beiden Fällen bedeutet dieser „Glaube" aber keineswegs, wie oft es oft (miss)verstanden wird, ein blindes und bloß vom Kopf kommendes Für-Wahr-Halten. Im Gegenteil, dieser Glaube begreift die Notwendigkeit dieser religiösen Sachverhalte, er erkennt, dass es gar nicht anders sein kann, und er nimmt sie an. Das „alleinige Nembutsu" schließlich, das dem Glauben folgen soll, ist Ausdruck der Zustimmung und des Einverständnisses.

Das Reine Land ist in dieser Weise eine transzendente, absolute Welt und in jedem Fall als anderes Ufer vorzustellen, aber weil der „Wunsch nach Hingeburt" als reines Wünschen und Begehren aufgefasst wird, lässt sich das „Erreichen des anderen Ufers" (*tōhigan*) als möglich, ja sogar als notwendig verstehen. Daher ist es auch möglich zu sagen, dass ein Mensch, der wahren Glauben erlangt hat, sich bereits in dieser Welt auf der „Stufe der Unumkehrbarkeit" befindet, auf der ihm die Geburt ins Wahre Buddhaland gewiss ist. Shinran hat diesen Punkt immer wieder betont.

Um es nochmals zu wiederholen: diese Gewissheit wird in jedem Fall vom Gelübde des Buddha, vom Wirken einer höheren, anderen Kraft zugesichert und ermöglicht, sie kommt nicht durch ein Bemühen aus eigener Kraft von Seiten des Menschen zustande. Dies ist, wie Shinran sagt, der direkte Weg des „Horizontalen Hinüberspringens" (*ōchō*), d. h. es ist ein Sprung auf die Seite, dem gar kein Voranschreiten des Menschen auf irgendwelche höheren Ebenen entspricht. Jedenfalls ist das letzte Ziel, das der „Glaube" in der *Jōdo Shinshū* anstrebt, nicht die Erleuchtung und Buddhawerdung in dieser Welt, sondern die Geburt ins Reine Land im zukünftigen Leben.

Hingehen und Rückkehr

Soweit der erste Punkt, der zu beachten ist, wenn man über Shinrans Vorstellungen des Reinen Landes und der Hingeburt spricht, doch möchte ich noch einen anderen wichtigen Punkt kurz berühren, der in diesem Zusammenhang oft eine Rolle spielt.

Das Reine Land ist für den Gläubigen der *Jōdo Shinshū* ja die ideale Welt (das wahre Buddhaland) und die Hingeburt das höchste Ziel, das angestrebt wird. Dieses Reine Land wird in den verschiedenen Sūtren als wunderbarer, angenehmer Ort farbenprächtig ausgemalt, und zahlreiche Gläubige und religiöse Führer haben sich nach ihm gesehnt und es mit Begeisterung gepriesen. Darum ist die Redewendung „Verabscheue die elende Welt und sehne dich nach dem Reinen Land!" (*onri edo, gongu jōdo*) seit alters her Ausdruck für die typische Grundhaltung der Schulen des Reinen Landes.

Diese Grundhaltung wird von Shinran und in der *Jōdo Shinshū* natürlich weder geleugnet noch abgeschwächt. Aber in Shinrans Denken kommt im Zusammenhang mit dem Reinen Land noch ein anderer, aktiverer Zug zum Tragen. Obwohl ich nicht weiß, ob die Redewendung „Sehnsucht nach Hingeburt, um glückselig zu werden" (*iraku ganshō*) schon von Shinran explizit verwendet wurde, findet sie sich häufig in der Dogmatik der *Jōdo Shinshū*, und man weist diese Einstellung dort bekanntlich zurück und warnt davor.

Dabei ist wohl Folgendes gemeint: Für den Reine-Land-Buddhisten ist die Hingeburt sicherlich das letzte Ziel und das Reine Land der ideale Aufenthaltsort, aber wenn er dies als vollkommene Erfüllung, als letztendlichen Zustand betrachtete, wäre diese Haltung unvollkommen. Wenn der „Wunsch nach Hingeburt" darin bestünde, nach dem Reinen Land zu streben, es zu erreichen und sich dann zu guter Letzt dort aufzuhalten, so wäre das letzten Endes Selbstzufriedenheit, wenn nicht gar Selbstsucht, die dem wahren Weg eines Bodhisattva widerspräche, da dieser nicht nur für sich selbst, sondern auch für die anderen das Beste sucht. Die Geburt ins Reine Land anzustreben, weil man die Freude und das „höchste Glück" im Auge hat und dort friedlich leben kann; dieser

„Wunsch nach Hingeburt, um Glückseligkeit zu erlangen"; ist in der *Jōdo Shinshū* nie als letztlich vollkommene Haltung betrachtet worden. Umgekehrt gesagt, kommt mit der Hingeburt nicht alles ans Ende, es ist nicht alles vollendet. Dies ergibt sich auch aus der Bedeutung des Worts „Hingeburt", denn es heißt ja: „hingehen und geboren werden". Der Shin-Buddhist muss nicht nur in das Reine Land geboren werden, sondern auch in ihm leben und von da her weiter wirken.

Wenn man diesen Gedanken zurückverfolgt, entsprechen ihm bei Shinran die „Zwei Aspekte der Verdienstübertragung (*ekō*)": nämlich der „Aspekt des Hingehens [ins Reine Land]" (*ōsō ekō*) und der „Aspekt des Zurückkommens [aus dem Reinen Land] (*gensō ekō*)". Shinran hat den Zusammenhang zwischen diesen beiden Aspekten immer wieder betont. Der Gedanke der Hinwendung zum Reinen Land führt zum Gedanken der Rückkehr aus dem Reinen Land. Die „Geburt ins Reine Land" (ans andere Ufer) reicht bis zu dem Punkt, an dem man wieder in diese Welt (das diesseitige Ufer) zurückkehrt. Der Gedanke der „Rückkehr und Belehrung" (*gensō sekke*),, d. h. die Anleitung und Belehrung anderer Menschen als eine Form der Rückkehr aus dem Reinen Land aufzufassen, ist in der Tat eine der Entwicklungen von Shinrans Vorstellungen über das Reine Land bzw. die Hingeburt.

In solchen vielfältigen Beziehungen enthält Shinrans Denken über diese Thematik einen Gedankenreichtum, der für die Religion von größter Bedeutung ist. Ich habe mich hier zwar nur auf die Erläuterung weniger Gesichtspunkte beschränkt und versucht, deren eigentümliche Problematik herauszuarbeiten. Aber mehr als einen flüchtigen Blick auf das Wesen des Reines-Land-

Buddhismus und dessen Kulminationspunkt war bei dem begrenzten Umfang der Darstellung nicht möglich.

Schlussbetrachtung

In den vorausgehenden drei Kapiteln haben wir uns mit den Grundzügen und Eigentümlichkeiten von Shinrans Denken beschäftigt, wobei drei Hauptthemen als Leitfaden dienten. Die Auswahl war freilich von meinem persönlichen Interesse geleitet, und ich habe mein individuelles Verständnis vorgetragen, das ich nicht unbedingt als eine allgemeine und systematische Deutung des Shinranschen Reines-Land-Denkens bezeichnen möchte.

Es scheint mir aber durch die Betrachtung dieser drei zentralen Begriffe eine Art Denkrahmen umrissen, innerhalb dessen sich Shinrans Glaube und Denken bewegen. Es ist, grob gesagt, eine in alle Richtungen offene, plastische Struktur, die aber wie ein Facettenauge aus zweidimensionalen Ebenen besteht. Innerhalb dieser Ebenen verhält sich Shinrans Glaube und Denken stets dynamisch, als ein Prozess zwischen zwei Polen. Die dualistischen Elemente, die diesen offenen Denkrahmen konstituieren, sind beispielsweise die „Zwei Aspekte des Tiefen Glaubens", das Verhältnis des Namensrufs (*myōgō*) zum Aussprechen des Nembutsu (*shōmyō nembutsu*) und die Wechselbeziehung zwischen dem Reinen Land (der transzendenten Welt) und dem Diesseits.

Aber diese Dualismen sind bei Shinran niemals direkt verbunden, das eine folgt nicht aus dem anderen, sondern sie stehen in einem konfliktreichen Kontrast und Widerspruch zueinander. Dadurch ergibt sich eine dynamische Struktur, die durch die negative Bewegung und Vermittlung der beiden Momente entsteht.

Das negative Moment des „Tiefen Glaubens", die radikale Selbstreflektion (*ki*) und die Negation der Tat – „Ich bin zu keiner Tat fähig" – bringen im Gegenzug das positive Moment des Glaubens, die Erkenntnis der Güte Buddhas (*hō*), und das positive Moment der Tat, den Namensruf, hervor und offenbaren die positive Realität des Reinen Landes. Dieses Positive spiegelt aber sich wiederum im Bewusstsein des Gläubigen wider, dass er ein gewöhnliches Wesen schwerster Vergehen und mächtigster Leidenschaften ist; dies führt zur Tat des „alleinigen Nembutsu" und wirft gleichzeitig Licht auf die Wirklichkeit dieser Welt. Glauben und Denken Shinrans entstehen in dieser aus Dualismen zusammengesetzten Struktur durch die Bewegung des Hin- und Hergehens, die überall eine einzigartige Dynamik entfaltet.

Die totale Urkraft dieser dynamischen Bewegung kommt selbstverständlich von Seiten des Buddha und ist allein durch Fremdkraft bewirkt. Der „Glaube" (*shin*), die „Tat" (*gyō*), aber auch die „Hingeburt zum Reinen Land" (*ōjō*), die durch die beiden bewirkt wird: alles beruht auf dem „Großen Glauben" und der „Großen Tat", es stammt letztlich aus dem „Großen Gelübde". Der Mensch soll sich bewusst werden, dass er in einer Welt lebt, in der der Buddha schon wirkt, und mit Freude soll er die Wirklichkeit dieser Welt erleben – dies ist der Standpunkt der Fremdkraft und die religiöse Welt der *Jōdo Shinshū*.

Dritte Vortragsreihe (2011)

III. Der Mensch und die Religion in der Gegenwart

Einleitung

Als ich in den Jahren 2003 und 2004 zum Hōonkō-Fest im Ekō-Haus Vorträge hielt, habe ich den Namen des Festes, *Hōonkō*, selbst zum Ausgangspunkt gemacht, und daraus einige wichtige Gedanken der *Jōdo Shinshū* und ihres Gründers Shinran Shōnin entwickelt. Zu den behandelten Themen gehörten die *Gyō-Shin*-Lehre (die Lehre von Tat-und-Glauben) und die Lehre von den „Zwei Aspekten des Tiefen Glaubens" bei Shinran. Außerdem sprach ich über die Shin-buddhistische Lehre von Buddhas Namen (*myōgō*) und vom Reinen Land (*jōdo*). Der entscheidende Punkt und das Hauptmerkmal all dieser Erklärungen scheint mir in der *Fremdkraft* des Buddha Amida zu liegen – und ich habe auch erklärt, warum ich das japanische Wort *tariki* eher mit „Fremdkraft" als mit dem gängigeren Ausdruck „Andere Kraft" übersetzen möchte. In den obigen Kapiteln I und II ist der Inhalt dieser Vorträge wiedergegeben. Ich habe ihn im Übrigen auch auf Japanisch zusammengefasst und 2007 unter dem Titel „Die Religion der Fremdkraft" veröffentlicht.[16]

Auch wenn es außer den behandelten Themen noch viele andere erklärungsbedürftige Punkte im Glauben Shinrans bzw. in der Dogmatik der *Jōdo Shinshū* gibt, möchte ich im Folgenden den Shin-Buddhismus nicht direkt thematisieren. Das liegt einerseits daran, dass ich ein Religionswissenschaftler bin, der sich zwar zum Shin-

---

[16] Sonoda, Tan 2007: *Tariki no shūkyō* 他力の宗教 [*Religion der Fremdkraft*] Kyōto: Hōzōkan

Buddhismus bekennt, aber eben kein Fachmann für die eigentliche Shin-buddhistische Dogmatik. Es ist für mich darum fast unmöglich, noch tiefer in diese schwierige Thematik einzudringen. Andererseits liegt mir gegenwärtig etwas anderes noch viel mehr am Herzen, weshalb ich gerne in einem weiteren Sinne über die Problematik der Religion referieren möchte: es ist auch meine eigene Betroffenheit über die augenblickliche Situation Japans, jene Reihe von Umständen, die unerhörtes Elend über unser Land gebracht haben.

Auch in Deutschland haben die Menschen von dem außerordentlich schweren Erdbeben gehört, das sich im März des Jahres 2011 im Nordosten Japans ereignet hat. Seit 1200 Jahren hat es in Japan nie ein Erdbeben der Stärke neun auf der Richterskala gegeben. Der darauf folgende Tsunami erreichte eine Höhe von bis zu zwanzig Metern. Er zerstörte die Atomkraftwerke in Fukushima, wodurch eine erhebliche Menge Radioaktivität freigesetzt wurde. Diese Ereignisse haben die ganze japanische Gesellschaft erschüttert, das Bewusstsein einer psychologischen und geistigen Krise breitet sich aus. Das ganze Land ringt um Sicherheit und Frieden, aber es befindet sich in politischer, gesellschaftlicher und ökonomischer Verwirrung. Mit einem Wort, die Bevölkerung ist seelisch erschüttert.

Für Sicherheit (*anzen*) im menschlichen Leben und in der Lebensumgebung des Menschen sind hauptsächlich die Fachleute in den verschiedenen naturwissenschaftlich-technischen Diziplinen zuständig. Sie leiten konkrete Gegenmaßnahmen ein und versuchen, verbesserte Richtlinien zum Katastrophenschutz für die Zukunft zu erstellen. All ihre Bemühungen zielen auf eine Eindämmung und Begrenzung der Gefahr, sie sollen die Sicherheit in physischer und materieller Hinsicht verbessern.

Dagegen beruht der „Friede des Herzens" (*anjin*) nicht nur auf solchen physischen Aspekten, sondern er hat eine maßgeblich mentale und psychologische Dimension. Dahinter verbirgt sich eine viel breitere und weniger fassbare Fragestellung, der nur mit den in ganz anderer Weise komplexen und vielseitigen Methoden der geisteswissenschaftlichen Disziplinen beizukommen ist. Erste Hilfe schaffen natürlich die Methoden der Psychotherapie und Psychiatrie. Wenn man aber von der endgültigen Ruhe des Herzens, dem Herzensfrieden, spricht, so ist damit noch etwas Tieferes gemeint, das die Menschen seit alters her in der Religion gesucht und gefunden haben. Hierin liegt, mit einem Wort gesagt, die eigentliche Aufgabe der Religion. Und darum erscheint es mir zur Zeit – im Angesicht einer Katastrophe, die den Lebensnerv der japanischen Gesellschaft getroffen hat – wichtig, über etwas ganz Grundsätzliches zu sprechen. Darum ist mein Thema nun: „Der Mensch und die Religion". Es geht letztendlich um den japanischen Begriff *annon* („umfassender Frieden"), der diese beiden Dimensionen der physischen Sicherheit und des Herzensfriedens zusammenfasst.[17]

Die folgenden Ausführungen kreisen also um das Thema: „Der Mensch und die Religion in der Gegenwart". Vorab bitte ich um Verständnis, dass es dabei nicht unmittelbar um Shinrans Denken geht, sondern dass ich religionswissenschaftliche und religionsphilosophische

---

[17] Ich erwähne das, weil der Monshu diesen Begriff in seinem neuen Buch aufgegriffen hat. Ōtani, Kōshin 2007: *Yo no naka annon nare* 世のなか安穏なれ [*Möge Frieden auf der Welt sein!]* Tōkyō: Chūō kōronsha.

91

Betrachtungen anstelle, die auch nicht immer ganz konsequent geraten sind. Ich bitte Sie aber, diese einleiten-
den Worte als roten Faden im Hinterkopf zu bewahren.

Die religiöse Situation der Gegenwart

Unser Zeitalter, das 21. Jahrhundert, bringt große
Veränderungen und Umwälzungen auf der Welt mit sich.
Es konfrontiert uns mit vielen schwierigen Problemen,
wie wir es Tag für Tag in unserem Leben erfahren müssen. Nicht nur die äußeren Bedingungen und Gegeben-
heiten des Menschen (z. B. die internationale politische
Lage, die globalen Umweltprobleme usw.) scheinen sich
dramatisch zu verändern und zu Sachzwängen anzu-
wachsen, die die Grundlagen des menschlichen Daseins
in Frage stellen und das Fortleben der Menschheit bedrohen. Auch das innere Bewusstsein der Menschen liegt
im Argen und hat einen kritischen Zustand erreicht, worin sich unser Zeitalter qualitativ von allem Vorhergehenden unterscheidet. Wir fragen uns ganz direkt: „In welchem Zeitalter leben wir?" „Wie soll es überhaupt wei-
tergehen?" Zugleich sind wir aber in eine Lage gedrängt,
in der wir erneut die Frage nach der menschlichen Lebensweise aufwerfen müssen, denn: „Wie sollen wir mit
diesem Zeitalter umgehen? Was sollen wir tun?" Gerade
aus diesem Grund müssen wir das Problem der Religion
als Grundfrage des Menschen neu überdenken.

Die Zeit, in der wir leben, ist andererseits ein sehr
schwieriges Zeitalter für die Religion selbst. Jeder spürt,
dass die Religion in einer tiefen Krise steckt – so groß,
dass schon ihre *raison d'etre* in Frage zu stehen scheint.
Die Veränderungen und Umwälzungen in der Gegenwart
machen eben auch vor der Religion nicht Halt. Die Men-

schen fragen sich nach dem Daseinsrecht der Religion, und dies bedeutet nicht nur, dass die traditionellen Religionen im Vergleich zur Vergangenheit auffallend geschwächt sind und an Führungskraft und Einfluss auf die Gesellschaft verlieren. Es zeigt sich auch darin, dass sich die Einstellung der Menschen zur Religion verändert hat, dass ihnen der Sinn und Begriff der Religion selbst nicht mehr klar ist und die Vorstellungen darüber immer stärker durcheinander geraten. Die Religion ist in der Gegenwart selbst zum Problem geworden.

Beide Sachverhalte – die großen Umwälzungen auf der Welt und die Fragwürdigkeit der Religion – sind in Wirklichkeit nicht unabhängig und getrennt zu denken. Wenn in unserem Zeitalter grundlegende Probleme für das Menschsein auftauchen, hängt das in Wirklichkeit damit zusammen, dass die Religion in der Gegenwart zum Problem im grundsätzlichen Sinne geworden ist. Auch das Umgekehrte ist der Fall: wo in der Gegenwart die Religion selbst zum Problem wird, gerade dort zeigen sich die Grundprobleme der Gegenwart überdeutlich. Fragt man sich also, welches Zeitalter die Gegenwart ist und welche Probleme sie für das Menschsein aufwirft, so lässt sich das nicht von der Frage trennen, in welchem Zustand sich die Religion befindet und mit welchen Problemen sie konfrontiert ist. Gerade wo sich diese beiden Fragen verbinden und überschneiden, liegt der Kern des Problems, aber vielleicht auch sein unüberschaubarster Teil.

(a) Beschreibung der Situation

Wenden wir unseren Blick zunächst auf das Zeitalter, indem wir leben, und betrachten wir es unter der Perspektive der Religion! Wenn wir von unseren Erfahrungen ausgehen, den Dingen, die wir in letzter Zeit gehört und gesehen haben, können wir uns fragen, in welchem Zustand sich die Religion befindet. Wie verhalten sich die Menschen zu religiösen Fragen und wie denken sie darüber? Wie denkt man überhaupt in der Gesellschaft von der Religion, wie versteht man sie und in welcher Beziehung steht man zu ihr? Wenn man zu dieser Fragestellung Beobachtungen sammelt und ein vorläufiges Bild der religiösen Situation der Gegenwart entwirft, erhält man etwa folgende Zustandsbeschreibung, die im Großen und Ganzen durch zwei grundsätzlich verschiedene Tendenzen charakterisiert ist. Sie prägen insbesondere die gegenwärtige Situation in Japan:

1.) Auf der einen Seite – und dies wird schon lange behauptet, und man hört es immer wieder – ist die Gegenwart ein unreligiöses, wenn nicht gar antireligiöses Zeitalter. Die Religion besitzt für das menschliche Leben keine große Relevanz mehr, und für die meisten Menschen ist Distanz zur Religion fast schon selbstverständlich geworden. Dies ist sicherlich die eine Seite unseres Zeitalters. Sie zeigt sich klar, wenn man frühere Zeiten, auch wenn sie nur zwei oder drei Generationen zurückliegen, mit der heutigen Zeit vergleicht. Es ist eine Entwicklung, die schon die ganze Epoche der Neuzeit, in der unsere gegenwärtige Gesellschaft entstanden ist, begleitet hat und die im Lauf der Zeit infolge eines Prozesses, den man als Säkularisierung bezeichnet, anscheinend unaufhaltsam fortschreitet. Infolgedessen ist die Gegenwart im Ganzen unreligiös oder religionslos. Die Religion ist in der Gegenwart nicht mehr wie einst das letztendliche Anliegen des Menschen, und sie spielt keine wichtige Rolle im alltäglichen Leben. Die meisten modernen Menschen haben die ernste Beziehung, die ihre Vorfahren zur Religion hatten, längst vergessen und verloren, sie verhalten sich zur Religion verständnislos und desinteressiert. Darum kann man die Gegenwart in der Tat als ein nichtreligiöses Zeitalter, ein Zeitalter des Verlustes oder der Vergessenheit der Religion, bezeichnen.

Und nicht nur das: nach wie vor kann man in der Gegenwart eine starke antireligiöse Tendenz beobachten, die sich aktiv auf Konfrontationskurs zur Religion begibt und sie selbst leugnet. Bei Intellektuellen ist diese Haltung weit verbreitet, insbesondere wenn sie den sogenannten szientistischen Standpunkt vertreten.[18] Dann hört man oft Behauptungen, die die Religion an sich in Frage stellen und zu widerlegen suchen, sie jedenfalls im Ergebnis anzufeinden und ihr Bestehen an sich für sinnlos zu erklären suchen. Hier ist eine geistige Strömung am Werk, die die Bedeutung der Religion überhaupt nicht mehr anerkannt, ja sie für nutzlos, wenn nicht gar schädlich hält.

Es mag viele graduelle Unterschiede in der Haltung zur Religion geben, aber eines ist doch gewiss: dass die Religion im Ganzen heutzutage weniger geschätzt wird denn je, und dass sie ihre Relevanz für das menschlichen Leben allmählich einbüßt. In diesem Sinne muss man das Zeitalter im Ganzen als unreligiöses bezeichnen. Dies ist der erste Aspekt, den wohl niemand leugnen wird.

2.) Auf der anderen Seite kann man in der religiösen Situation der Gegenwart eine merkwürdige neue Tendenz festzustellen, die der ersten Tendenz entgegensteht und ihr sogar scheinbar widerspricht. Denn während die Gegenwart als eine unreligiöse oder antireligiöse Epoche zu bezeichnen ist, gedeihen in unserer unmittelbaren Nähe

---

[18] Früher wurde diese Position gerne marxistisch untermauert. Dies hat sich heute geändert, und die Haltung nimmt viel geschmeidigere Formen an, was nicht bedeutet, dass sie verschwunden wäre.

einige Religionen (darunter auch etablierte) ziemlich gut. Alle möglichen Religionen, oder was man als Religion bezeichnen oder ansehen könnte, entstehen sogar neu und treiben meistens unter dem Namen der Religion Mission.[19] Nicht wenige Menschen versammeln sich auf der Suche nach religiöser Erfahrung in solchen Strömungen, und sie scheinen auch etwas zu finden, das ihnen eine Art Erlösung vermittelt. Diese neue Religiosität ist ein merkwürdiges Zeitphänomen, das sich seit einigen Jahrzehnten beobachten lässt und wohl als neuer Trend angesprochen werden muss. Leider sind die neuen religiösen Bewegungen nicht selten von ungewöhnlichen, ja gefährlichen Erscheinungen begleitet, die zuweilen die Sicherheit und Ordnung der Gesellschaft bedrohen. Manche dieser neuen Religionen haben die Gesellschaft schon erschüttert und ziehen dann das öffentlichen Interesse im negativen Sinne auf die Religion überhaupt.

Neben der direkten Verbindung mit einer Religion und der Teilnahme an einem durch sie bestimmten religiösen Leben gibt es auch religiöse Aktivitäten im weiteren Sinne, nämlich rituelle Handlungen und Gebräuche. Tatsächlich nehmen wohl die meisten unserer Zeitgenossen mehr oder weniger regelmäßig an solchen Aktivitäten teil und ziehen daraus irgendeine Art der inneren Befriedigung. Es ist schon erstaunlich, wie weit das Rituelle in unser Alltagsleben eindringt und mit welchem Engagement viele Menschen ihrem jeweiligen Brauchtum anhängen. Aber vielleicht das ein nur für Japan typisches

---

[19] In der japanischen Religionswissenschaft spricht man von „Neuen Neureligionen" (*shin shinshūkyō* 新新宗経), um sie von den Religionen, die während der Modernisierungsphase Japans im 19. Jahrhunderts entstanden sind, abzugrenzen.

und damit lokales Phänomen. Jedenfalls möchte ich einige besonders auffällige Beispiele anführen:

Zu Neujahr pilgern Scharen von Menschen aus allen Bevölkerungsschichten zu den shintoistischen Schreinen, um ihnen den ersten Besuch des Jahres abzustatten (*hatsumōde*). Allein zum berühmten Meiji-Schrein in Tōkyō kommen während der ersten drei Tage des Jahres über zehn Millionen Besucher, die für die eigene Gesundheit, die Sicherheit der Familie, das Gedeihen des Handels usw. beten. Nicht wenige Menschen besuchen sogar mehrere Schreine.

Im Februar oder März wiederholt sich das Bild: Wenn sich die jährlichen Eintrittsprüfungen der weiterführenden Schulen und Universitäten nähern, strömen zahllose junge Menschen und ihre Eltern zu den Schreinen und Tempeln, um die Götter um ein erfolgreiches Bestehen der Prüfungen zu bitten.

Auch einige buddhistische Feste sind tief im Leben der Japaner verankert. Die meisten Japaner fahren mit ihren Familien Mitte August (*obon*) und zur Zeit des Frühjahrs- und Herbstäquinoktiums (*ohigan'e*) zu Tempeln und Friedhöfen, wo sie die Grabmäler ihrer Vorfahren pflegen und dabei auch um Schutz und Gedeihen der Nachkommen beten. So ist der Durchschnittsjapaner über das ganze Jahr verstreut mit unterschiedlichen religiösen Gebräuchen beschäftigt, und betet dabei um die Kraft transzendenter Wesen – der Götter und Buddhas. Insofern die Japaner diese verschiedenen Handlungen für angebracht und offenbar unentbehrlich halten, scheinen sie von Natur aus religiös zu sein.

Wie ist diese Neigung zu rituellem Brauchtum zu deuten? Tut die Mehrheit der Menschen diese Dinge aus bloßer Gewohnheit oder weil die anderen es auch tun? In diesem Falle würden sie gedankenlos handeln und in quasi spielerischer Weise daran teilnehmen, sie hätten gar kein Bewusstsein einer religiösen Handlung.

Gedankenlosigkeit dieser Art mag darin enthalten sein. Dennoch entstehen rituelle Gesten und Handlungen nicht von selbst und ohne irgendeinen religiösen Bezug, man kann das religiöse Bewusstsein dabei nicht ganz ausblenden. Niemand, der einen Tempel oder Schrein aufsucht, würde etwa leugnen, dass er im Angesicht der Götter, Buddhas oder Ahnengeister um etwas Gutes und Freudiges bitten will. Insofern ist all das durchaus religiös im weiteren Sinne.

Wenn man die religiösen Phänomene in ihrer ganzen Bandbreite überblickt, sind die heutigen Menschen (und insbesondere die Japaner) keineswegs religiös desinteressiert oder ohne Bewusstsein für die Religion. Deshalb kann man nicht einfach behaupten, die Gegenwart sei ein religionsloses Zeitalter, oder der Mensch der Gegenwart sei unreligiös. Auch in der Gegenwart gibt es noch das Interesse an der Religion, die Menschen spüren ein Bedürfnis nach Religion, wenn auch in einer wenig reflektierten Weise. Trotzdem sollten wir die Säkularisierung im Auge behalten und die Gegenwart nicht zu einem religiösen Zeitalter erklären, indem wir den säkularisierten Massen eine tiefe Religiosität andichten.

(b) Zur Deutung der Situation

Zwiespältig ist der Zustand, in dem sich die Religion heutzutage wirklich befindet, und Zwiespältigkeit prägt die Haltung des modernen Menschen zur Religion. Die beiden erwähnten Tendenzen sind so offensichtlich, dass sie kaum geleugnet werden können, aber andererseits sind sie auch widersprüchlich. Was bedeutet es denn, dass viele, wenn nicht gar die meisten modernen Menschen im Grunde genommen gleichgültig gegenüber der Religion sind, andererseits aber eine Art religiöses Interesse an den Tag legen und gewisse Anliegen mit der Religion verbinden? Kommt in dieser ambivalenten und befremdlichen Haltung nicht ein Verhältnis zur Religion zum Vorschein, das unverständlich und kompliziert ist? Wie kommt es überhaupt zu dieser ambivalenten Grundhaltung, und was bedeutet sie in unserer Zeit?

Vielleicht lassen wir uns nur täuschen, und es handelt sich um gar keinen wirklichen Widerspruch, sondern das, was uns in seiner Gegensätzlichkeit als Widerspruch erscheint, hat in Wirklichkeit ein und denselben Grund. Es könnte doch sein, dass die Menschen zwar nach der Religion suchen, sie aber gar nicht mehr erkennen, *weil* die Gegenwart im Allgemeinen unreligiös ist und das, was mit Religion gemeint ist, immer unklarer und unsichtbarer wird. Damit könnte man die paradoxe Situation erklären, dass die Religion in einem unreligiösen Zeitalter in gewissen Bereichen floriert und in diesen Bereichen das Interesse an der Religion sogar wächst. Das Unverständnis für die wahre Religion, die Unkenntnis jedes tieferen Gehalts von Religion wäre also der Grund, dass sich viele Menschen auf ihrer Suche nach Religion immer leichtfertiger Organisationen und Formen annähern, die nur noch dem Schein nach Religion sind.

Wenn man den Sachverhalt in dieser Weise auffasst, löst sich der Widerspruch in nichts auf. Statt zu sagen „*Obwohl* die Menschen die Religion nicht verstehen und sogar ablehnen, beteiligen sie sich aktiv an religiösen Aktivitäten und haben religiöse Bedürfnisse", müsste man eher sagen: „*Gerade weil* die Menschen die Religion nicht verstehen und sogar ablehnen, greifen sie ganz unbefangen nach Dingen, die sie auf den ersten Blick für religiös halten. Gerade deshalb sind sie auch anfällig für alle möglichen pseudo-religiösen Ideen."

Aus dieser Perspektive verstehen wir, warum das Interesse an Religiosität floriert und religiöse Aktivitäten verschiedenster Art offenbar großen Zulauf haben: Es ist nichts anderes als eine Folge der Unwissenheit des heutigen Menschen hinsichtlich der eigentlichen Religion. Der leichtfertige Umgang mit Religiösem, das Angezogen-Werden durch alles, was auch nur religiös zu sein scheint, bis hin zur radikalen Gefangenheit in religiösen Sekten: all dies drückt die Entfremdung des modernen Menschen von der Religion im wahrhaften Sinne aus. Es erweist sich in vielen Fällen nur als eine Verkennung der eigentlichen Seinsweise der Religion, es ist eine Abweichung und Hinwendung zu verzerrten Formen von Religiosität.

Die religiöse Situation der Gegenwart ist außerordentlich kompliziert, sie ist schwer zu verstehen und schwer zu erklären. Denn die Religion selbst ist kompliziert und konfus geworden. Schon der Begriff „Religion" ist verschwommen und vieldeutig. Darum bleibt uns nichts anderes übrig, als erneut zu fragen, was die Religion der Sache und dem Begriff nach ist.

(c) Paul Tillichs Betrachtungen über die Vielfältigkeit der religiösen Erscheinungen in unserer Zeit

Paul Tillich (1886-1965), ein bedeutender protestantischer Theologe und auch einer der wichtigen Religionsphilosophen des zwanzigsten Jahrhunderts, zeigte in seinen späten Jahren tiefes Interesse für die religiöse Situation seiner Zeit. Besonders in einer kleinen Abhandlung mit dem Titel „Das Christentum und die Begegnung der

Weltreligionen"[20] hat er auf das Problem der Vervielfältigung der religiösen Erscheinungen und auf die daraus resultierende Konfusion und Zweideutigkeit des Begriffes „Religion" hingewiesen. Natürlich gibt es für Tillich die eigentliche Religion – oder wie er es nennt: die „wahre Religion" – nach wie vor. Den Kern dieser eigentlichen Religion definierte er im Sinne seiner Religionsphilosophie als das „unbedingte Anliegen (*ultimate concern*) des Menschen" – eine Formulierung, die auch in Japan sehr bekannt geworden ist. Tillich weist klar darauf hin, dass in den heutigen säkularisierten Gesellschaften mannigfaltige religionsähnliche Phänomene aufgetaucht sind, die in der Gesellschaft faktisch die Funktion der Religion eingenommen hätten. Natürlich ist dieser Hinweis nun schon fast 50 Jahre alt. Die Zeiten haben sich gewandelt, und wir leben schon wieder unter ganz neuen Bedingungen. Trotzdem enthalten seine Gedanken vieles, was heute noch grundsätzlich richtig ist.

Innerhalb der immer vielfältigeren Religionen und religionsähnlichen Erscheinungen, die parallel zur wahren Religion entstehen, unterscheidet Tillich, je nachdem, ob sie tatsächlich Religion genannt werden oder nur religiösen Charakter aufweisen, zwei Typen: die *Pseudo-Religionen* und die *Quasi-Religionen*. Über sie stellt er folgende, für unseren Zusammenhang interessante Betrachtungen an:

(1) Die Pseudo-Religionen

„Pseudo" bedeutet im Allgemeinen „unecht" oder „falsch". „Pseudo-Religion" heißt also dem Wortlaut nach

---

[20] Tillich, Paul 1964 a: *Das Christentum und die Begegnung der Weltreligionen* (Gesammelte Werke, Bd. 5: Schriften zur Religionsphilosophie) Stuttgart: Evangelisches Verlagswerk

„falsche Religion" bzw. „unechte Religion"[21] Der Ausdruck verweist auf eine religionsähnliche Nicht-Religion,
die mit ihrer äußeren Ähnlichkeit zur Religion bewusst
darauf abzielt, Religion zu sein, und auch den Anspruch
erhebt, die Rolle der Religion zu spielen. Natürlich ist sie
im strengen Sinne keine eigentliche Religion und muss
von ihr unterschieden werden. In der Realität werden
Pseudo-Religion und eigentliche Religion allerdings oft
miteinander verwechselt, die Unterscheidung fällt
schwer. Bei diesen Pseudo-Religionen denkt Tillich wahr-
scheinlich vor allem an die verschiedenen magischen
Religionen, also an Strömungen, die eine mit Zauber und
Wahrsagerei verbundene Magie praktizieren und die
unterschiedlichsten abergläubischen und okkulten Elemente enthalten.

Freilich sind solche quasi-religiösen Elemente keinesfalls nur für in der Gegenwart charakteristisch. Vielmehr
haben sie seit alters her die Religion begleitet. Sie exi-
stierten unter dem Deckmantel der Religion gerade in
Verbindung mit volkstümlichen Bräuchen und stellten
insofern einen unreinen Teil der Religion dar, der die Religion bloß nachahmte. Dies trifft zumindest für Japan zu.
Die Problematik der Gegenwart liegt aber gerade darin,
dass sich diese Pseudo-Religion nunmehr *als echte Religion* ausgibt, die religiösen Bedürfnisse der Menschen
erfüllt. Selbst in unserer heutigen zivilisierten Gesellschaft ist die Primitivität und Naivität solcher Pseudo-
Religion nicht ausgemerzt. Während der moderne
Mensch rational denkt und lebt, preist er auf der anderen
Seite eine kaum zu fassende Irrationalität, wenn nicht gar

---

[21] „‚Pseudo' bezieht sich auf eine beabsichtigte, vorgetäuschte Ähnlichkeit, ‚quasi' dagegen auf eine unbeabsichtigte, tatsächlich vor-
handene Ähnlichkeit." Tillich 1964 a, S. 53.

Antirationalität! Gerade in der japanischen Volksreligiosität mit ihren diversen XY-Lehren und XY-Glauben sind offensichtlich viele solche quasi-religiösen und abergläubischen Elemente mittradiert worden. Die Leute glauben daran, weil sie sich davon konkreten materiellen Nutzen in dieser Welt erhoffen. Dieses sogenannte „Verdienst im gegenwärtigen Leben" (genze riyaku) ist ein typischen Merkmal der japanischen Volksreligion und ist nach Tillichs Begriff Pseudo-Religiosität. Nicht selten verlieren aber auch die traditionellen Religionen ihren eigentlichen Religionscharakter. Um die Menschen anzusprechen, versuchen sie, solche pseudo-religiösen Elemente aufzunehmen, und sinken so selbst auf die Stufe der Pseudo-Religion herab.

(2) Die Quasi-Religionen

Die zweite Form religionsähnlicher Phänomene sind für Tillich die Quasi-Religionen, und gerade sie hält er für eine charakteristische Erscheinung der Gegenwart. „Quasi" ist das lateinische Wort für „als ob". „Quasi-Religion" heißt dem Wortlaut nach „Als-ob-Religion".

Quasi-Religionen sind zwar eigentlich keine Religionen, sie treten aber auf, als ob es sich um eine Religion handelte, sie besitzen den Charakter einer Religion und wirken in der Welt wie eine Religion. Im Vergleich zum ersten Typ, bei dem es sich um Erscheinungen handelte, die vortäuschten, Religion zu sein, handelt es sich hier um Nicht-Religionen, die der Religion in vieler Hinsicht analog sind. Dabei entstehen sie eigentlich gar nicht in der Absicht, Religion zu sein oder zu werden, noch behaupten sie von sich, eine Religion zu sein. Aber in ihrer Erscheinungsweise treten sie auf, als ob sie eine Religion wären, und beweisen in ihrem Sein und Wirken eine Art von religiösem Grundcharakter. Für ihren Standpunkt und ihre Behauptungen beanspruchen sie eine Absolutheit und Letztgültigkeit, wie es nur Religionen tun. Dementsprechend fungieren sie in der Gesellschaft praktisch wie Religionen, sie haben in der Gesellschaft die Bedeutung einer Religion.

Tillich teilt die Quasi-Religionen seiner Zeit (1964) in drei unterschiedliche Typen ein, die er jeweils einer sorgfältigen Betrachtung unterzieht. Die Beispiele, die er anführt, sind Phänomene, die damals vor etwa fünfzig Jahren eine akute Gefährdung der Welt mit sich gebracht haben, die heute aber schon in den Hintergrund getreten und weniger dringlich sind. Es sind in Kürze die folgenden Beispiele:

(a) der radikale Nationalismus

Als ersten Typ einer Quasi-Religion nennt Tillich den radikalen Nationalismus und meint damit hauptsächlich seine augenfälligste Erscheinungsform, den Faschismus während des letzten Weltkriegs. Wenn der Nationalismus radikal wird, kann er einen Enthusiasmus entfachen wie eine Religion, er nimmt Formen an, die man eher als Fanatismus bezeichnen müsste, und entwickelt zuweilen einen geradezu diabolischen Religionscharakter. Die Geschichte bietet uns leider viele schreckliche Beispiele dafür. Der radikale Nationalismus ist keinesfalls ein abgeschlossenes Kapitel aus der Geschichte. In abgewandelten Formen taucht er auch heute in der Welt immer wieder auf.

(b) der extreme Sozialismus

Das Paradebeispiel für den extremen Sozialismus ist der Kommunismus in Form des Marxismus-Leninismus. Auch dieses Beispiel ist von der Geschichte schon eingeholt worden, und man mag es darum nicht mehr für sehr relevant halten. Aber niemand kann ausschließen, dass sich Ähnliches noch einmal irgendwo auf der Welt wiederholen wird. Ich brauche nicht zu sagen, dass der extreme Sozialismus bzw. Kommunismus an sich keine Religion ist. Er ist im Gegenteil weit davon entfernt, Religion zu sein. Der Marxismus beispielsweise stellt sich (heute muss man vielleicht sagen: stellte sich) ganz explizit gegen die Religion und verneinte sie. Vielleicht erinnern sie sich an den berühmten Ausspruch von Marx: „Religion ist das Opium des Volkes". Damit wird ganz unverhohlen die Behauptung aufgestellt, dass die Religion für die Allgemeinheit schädlich ist. Diese Kritik steht im Rahmen einer politischen Ideologie und eines gesellschaftliches Systementwurfs, der sich selbst für absolut und geradezu heilig hält. Er tritt mit einem Absolutheitsanspruch und einer Autorität auf, die man geradezu als religiös bezeichnen muss.

Kurzum, obwohl sich der extreme Sozialismus nicht als Religion verstand, und allem Religiösen gegenüber feindlich und ablehnend gesinnt war, glaubte er, die absolute Wahrheit zu kennen. Darin glich er der Religion, und letztendlich übernahm er in der Gesellschaft deren Rolle.[22]

(c) der liberale Humanismus

Als dritten Typ einer Quasi-Religion betrachtet Tillich den liberalen Humanismus, der sich im gegenwärtigen Zeitalter überall auf der Welt geltend macht und besonders mit der Demokratie verbunden ist. Auf den ersten

---

[22] Darauf deuten auch die unablässigen Streitereien und die politische Orthodoxie, die früher ein Markenzeichen des Marxismus waren. Politische Abweichler wurden mit einer Strenge und Grausamkeit verfolgt, die man mit Religionskriegen und Ketzergerichten aus dem Mittelalter vergleichen kann.

Blick scheint dieses Beispiel aus der Rolle zu fallen und nichts mit Religion oder mit dem Problem der Quasi-Religion zu tun zu haben. Aber Tillich hegt doch Bedenken. Der demokratische Humanismus, der die Gesellschaft heutzutage in vielen Ländern, darunter auch Japan, prägt, beschränkt sich nach Tillichs Dafürhalten nicht darauf, bloß eine politische Idee und eine staatliche Verfassung zu sein. Er ist für viele Menschen dieser Länder schon zu einer Art Glaube und Überzeugung geworden, die sie mit beinahe religiösem Eifer verfechten. Auch besetzt er bereits religiöse Funktionen in Staat und Gesellschaft. Hierin erkennt Tillich aber eine Gefahr; denn wenn man Freiheit, Demokratie und Menschenliebe als das Letztendliche und Allumfassende denkt, gerät die wahre Absolutheit und Transzendenz aus dem Blickfeld. Auch die Ideale von Freiheit, Menschenliebe und Demokratie können die wahre Religion niemals ersetzen, so lautet Tillichs scharfe Kritik.

Alle drei Typen der Quasi-Religion, die hier vorgestellt wurden, verabsolutieren Dinge, die ihrem Wesen nach eigentlich nicht religiös sind. Sie machen gewisse Gegenstände des weltlichen Interesses – wie Nation, Staat oder Humanität – zum absoluten Ziel und letzten Anliegen des Menschen und erklären damit Profanes zu Heiligem. Obwohl ihre Ideologien und fixen Positionen gar nicht vorgeben, Religion zu sein, haben sie gewissermaßen doch den Status eines religiösen Überzeugungssystems beziehungsweise eines Glaubens. Sie spiegeln dem Menschen manchmal sogar eine religionsartige Zufriedenheit und Verzückung vor, und spielen damit in der gegenwärtigen säkularisierten Gesellschaft, im guten wie im schlechten Sinne, die Rolle von säkularen Religionen – was schon ein Widerspruch in sich ist.

Wir haben damit Tillichs Terminologie zur Beschreibung religionsähnlicher Erscheinungen kennengelernt. Mithilfe der Begriffe „Pseudo-Religion" und „Quasi-Religion" lässt sich die religiöse Situation der Gegenwart mit ihrer Vervielfältigung religiöser Erscheinungen sehr klar analysieren. Ich möchte noch einmal darauf hinweisen, dass diese religionsähnlichen Erscheinungen nach Tillich von der Religion im eigentlichen Sinne streng zu trennen sind. Sie sind der Religion aber in ihrem Charakter so ähnlich, dass sie in der gegenwärtigen Gesellschaft tatsächlich die Rolle und Funktion der Religion übernehmen.[23]

Auch in der Gegenwart gibt es natürlich noch die eigentliche oder – in Tillichs Sprachgebrauch – „wahre" Religion. Überall auf der Welt sind die Menschen noch religiös, sie suchen nach religiöser Wahrheit und sind vertraut mit ihr. Tillich etwa bekannte sich zum protestantischen Christentum, das für ihn die wahre Religion war. Dennoch trägt die Vervielfältigung und der wachsende Merkmalsreichtum der religionsähnlichen Phänomene dazu bei, den Begriff der wahren Religion zu verdecken und unkenntlich zu machen. Im Ergebnis fügt sie dem rechten Verständnis von Religion Schaden zu und bewirkt, dass die Menschen die Wahrheit der Religion mehr und mehr aus den Augen verlieren. Da die Religion im Ganzen ein immer verworreneres Gebilde wird, fällt es ihnen immer schwerer, den eigentlichen und wesentlichen Sinn der Religion überhaupt noch zu verstehen; schon der Begriff der Religion selbst wird unklar und vage. Stammt vielleicht daher jenes grundlegende Unver-

---

[23] In diesem Zusammenhang weise ich auch auf neuere Entwicklungen hin, die zu Tillichs Zeiten noch gar nicht absehbar waren, nämlich die in Mode gekommene „Neuen Spiritualität", darunter auch neuen Religionen in Japan.

ständnis gegenüber der Religion, das für den gegenwärtigen Menschen so typisch zu sein scheint? Weiß der moderne Mensch vielleicht gar nicht mehr, worum es in der Religion eigentlich geht?

Vor dem Hintergrund dieser begrifflichen Unsicherheit hat Tillich seine Begriffe „Pseudo-Religion" und „Quasi-Religion" unter dem Begriff der „religionsähnlichen Phänomene" zusammengefasst. Die religionsähnlichen Phänomene werden auf diese Weise von der eigentlichen, wahren Religion abgegrenzt, sie sind keine Religion und stehen im Gegensatz zu ihr. Andererseits mag das, was Tillich Pseudo- oder Quasi-Religion nennt, insofern es sich um Phänomene handelt, die der Religion ähnlich sind, schon in die Richtung der Religion gehen. Mir jedenfalls erscheint es fraglich, ob sich die religionsähnlichen Phänomene, wenn sie im wirklichen Leben des Menschen auftauchen, so klar und bestimmt von der Religion abgrenzen lassen.

Die Betrachtungen Tillichs ziehen einen strikten und wertenden Unterschied zwischen Religion und religionsähnlichen Erscheinungen, die keine Religion sind. So anfechtbar eine solche wertende Grenzziehung auch ist: hier einmal Unterschiede erkannt zu haben, ist, wenn man darüber nachdenkt, ein wichtiger Beitrag Tillichs. Fast noch wichtiger als diese Abgrenzung der „wahren Religion" erscheint mir aber, dass Tillich auch die Eigenart und den Charakter der religionsähnlichen Erscheinungen inhaltlich erläuterte. Indem er die Präfixe „pseudo" und „quasi" verwendete, gelang es ihm, die religionsähnlichen Phänomenen präziser zu beschreiben.

(d) Ein Modell der neuen religiösen Erscheinungen

Wenn wir noch etwas tiefer über den letzten Punkt nachdenken, so steckt in unseren bisherigen Überlegungen, die wir anhand von Tillichs Aufsatz entwickelt haben, eine stillschweigende Voraussetzung, die nicht unbedingt zutreffend ist.

Wir haben die wahre und eigentliche Religion (die für Tillich sicherlich das protestantische Christentum gewesen ist) an die oberste und erste Stelle gesetzt. Die religionsähnlichen Phänomene, die von dieser klar zu unterscheiden sind, haben wir auf den nächsten, niedrigeren Stufen angesiedelt. Aber dieser gleichsam hierarchische Ansatz, der die Quasi-Religionen noch eine Stufe unter die Pseudo-Religionen stellt, scheint mir in Wirklichkeit nicht sachgemäß zu sein. Sachgemäßer als ein solches auf einem Werturteil beruhendes, stufenmäßiges Verständnis ist es meiner Meinung nach, die Erscheinungen in Form von konzentrischen Kreisen darzustellen. Ein solches Kreisdiagramm mag eine Hilfe sein, um sich die religiösen Phänomene im weiten Sinn, denen wir im Alltag tatsächlich begegnen, zu veranschaulichen.

Stellen Sie sich einmal ein Blatt Papier vor, dessen Oberfläche als Ganzes das wirkliche menschliche Leben mit all seinen Aktivitäten repräsentieren soll! Ein enger Kreis in der Mitte soll für das stehen, was Tillich als „wahre Religion" und „letztes Anliegen des Menschen" bezeichnete. Dieser Kernbereich ist innerhalb des alltäglichen Lebens ein in gewissem Sinne abgetrennter, nicht alltäglicher, überrationaler Bereich, in dem sich auf irgendeine Weise das Transzendente offenbart und in dem der Mensch davon berührt wird.

Der nächste, etwas breitere konzentrische Kreis soll für das Gebiet der volkstümlichen Gebräuche und jahreszeitlichen Zeremonien stehen. Das meiste, was unter dem losen Begriff „Brauchtum" zusammengefasst wird, ist mit Religiösem oder Rituellen verbunden und findet darin seine eigentliche Bedeutung. In diesen Bereich, dem gerade in Japan ein verhältnismäßig großes Gewicht zukommt, fallen die sogenannte Volksreligion und der volkstümliche Glaube. Hier also entsteht im Großen und Ganzen das, was Tillich als Pseudo-Religionen bezeichnet hat. Das heißt aber nicht, dass alles, was in diesen Bereich fällt, schon deshalb reine Pseudo-Religion ist. Viele religiöse Handlungen und rituelle Verrichtungen der Volksreligion weisen eine enge Verbindung mit der wahren Religion auf; sie sind sozusagen ein konkreter (physischer oder performatorischer) Akt, in dem sich Religion, oder jedenfalls eine Beziehung zum Nicht-Alltäglichen und Transzendenten ausdrückt. Obwohl die Volksreligion meist von der Weltreligion unterschieden wird, überlagert sich beides oft, und man sollte nicht voreilig in Frage stellen, dass auch die Volksreligion Elemente wahrer Religion enthält. Wenn aber die Bräuche der Volksreligion zur bloßen Gewohnheit werden und ihren eigentlichen Gehalt verlieren, schlagen sie oft ins Magische um und werden zu Aberglauben. Das mag Tillich im Auge gehabt haben, als er vor den Pseudo-Religionen warnte. Pseudoreligionen nehmen in unserer Gesellschaft oft verderbliche Formen an und machen sich auf Kosten der Religion breit. Darum haben wir sie vorhin als Zusätze zur Religion kennengelernt, die sich als Religion maskieren und verkleiden.

Der dritte konzentrische Kreis ist das Gebiet der Quasi-Religion. Wie wir gesehen haben, ist die Quasi-Religion eigentlich keine Religion. Sie erscheint in der alltäglichen, säkularen Welt, aber die Weise, wie sie ihre Behauptungen, ihre Ideologie vertritt, durchbricht das Alltägliche und beansprucht Absolutheit, wie sie nur einer Religion zukommt. Sie nimmt die Rolle der Religion an, d. h. sie bleibt nicht bei bloßen Behauptungen und ihrem System stehen, sondern sie entwickelt sich zum Zerrbild der Religion, das bis zu Fanatismus und blindem Glauben führen kann. Darin liegt etwas Gefährliches und Böses, das in seiner Gründlichkeit und Konsequenz an religiösen Eifer erinnert, und wohl aus diesem Grund sprach Tillich von Quasi-Religion. Auch in dieser Quasi-Religion kann sich aber inmitten Profanen ein Bereich des Nicht-Alltäglichen eröffnen.

Der Mensch und die Religion

Wir haben uns einige Gedanken über die religiöse Situation der Gegenwart gemacht und sind zu der vorläufigen Schlussfolgerung gekommen, dass die Religion auch in unserem Zeitalter für den Menschen etwas Unentbehrliches zu sein scheint. Wenn man den Menschen beobachtet, so erscheint er als ein Wesen, das irgendwie der Religion bedarf. Deshalb möchte ich heute nach dem Menschen selbst fragen: was ist der Mensch, und in welchem Verhältnis steht er zu Religion?

Den Menschen kann man selbstverständlich von verschiedenen Perspektiven aus und mit unterschiedlichen Zielsetzungen betrachten, und das geschieht ja auch tatsächlich. Denn der Mensch ist in gewissem Sinne das Ziel allen wissenschaftlichen Forschens. Hier aber möchte ich nach dem Menschen als einem Wesen fragen, das die Religion sucht. Es ist eine Fragestellung, die wohl im Großen und Ganzen von einem philosophischen Standpunkt aus erörtert werden muss. Im Folgenden soll es also um das philosophische Menschenbild dreier europäischer Denker gehen, wobei uns hauptsächlich interessiert, wie sie das Verhältnis des Menschen zur Religion verstanden haben.

Wenn man den Menschen vom philosophischen Standpunkt aus betrachtet, so gilt die sogenannte Anthropologie als die in diesem Bereich umfassendste Disziplin. Ich denke hier natürlich an die „philosophische Anthropologie", die von anderen ähnlichen Wissenschaften, z. B. der biologischen Anthropologie und der Kulturanthropologie zu unterscheiden ist. Dieser Bereich der Philosophie ist bekanntlich erst in der ersten Hälfte des letzten Jahrhunderts durch Max Schelers *Die Stellung des Menschen im Kosmos* (1928)[24] als unabhängige Fachwissenschaft begründet worden. So seien als erstes Schelers Menschenbild, sein Interesse am Menschen und seine Studien über den Menschen etwas genauer betrachtet.

(a) Schelers philosophische Anthropologie und Menschenbild

Das Nachdenken über den Menschen ist alt. Unzählige Denker und Philosophen haben nach menschlicher Selbsterkenntnis gesucht, und vom Altertum bis zur Gegenwart finden sich in diesem Bereich zahlreiche interessante Ansätze. Wenn der späte Max Scheler erneut die Frage nach dem Menschen aufwarf und eine „Anthropologie" anstrebte, die er ausdrücklich unter das Vorzeichen der „Philosophie" stellte, so hatte das Gründe, die in der Lage der damaligen Wissenschaft bzw. im geistigen Hintergrund seiner Zeit zu suchen sein dürften.[25]

---

[24] Scheler, Max 1928: *Die Stellung des Menschen im Kosmos*. (Gesammelte Werke, Bd. 9: Späte Schriften).
[25] Ebenda., S. 31.

Einerseits hatten nämlich seit der zweiten Hälfte des 19. Jahrhunderts die Einzelwissenschaften, die den Menschen zum Gegenstand ihrer Forschung erheben, rasche und erhebliche Fortschritte erzielt. In der Biologie, Physiologie und Medizin, aber auch in der Psychologie, Soziologie, Ethnologie und anderen Einzelwissenschaften waren die wissenschaftlichen Erkenntnisse über den Menschen sprunghaft angewachsen. Diese Erfolge waren hauptsächlich Resultat einer bestimmten Betrachtungsweise, die den Menschen als ein Lebewesen unter anderen begriff und seine Einzigartigkeit durch die Gegenüberstellung und den Vergleich mit Tieren und Pflanzen erfasste. Während sich die Ergebnisse der Einzelwissenschaften auf diese Weise vermehrten, wurde zugleich die Forderung laut, dass man sie zusammenfassen müsse, um so zu einem Gesamtüberblick über das Wesen und die Eigenart des Menschen zu gelangen.

Nach Scheler enthält der Begriff des Menschen an sich eine eigenartige Ambivalenz: Einerseits ist der Mensch den Höhepunkt der gesamten Welt der Lebewesen, er ist das am höchsten entwickelte Glied in der Artenreihe der Wirbel- und schließlich Säugetiere. Andererseits ist der Mensch auch allen lebenden Spezies der Tier- und Pflanzenwelt entgegengesetzt. Insofern der Mensch diese Doppelnatur zeigt, muss die spezielle Stellung des Menschenseins ebenfalls entsprechend charakterisiert werden.

Schelers zweites Motiv lässt sich als Reaktion auf die Situation des philosophischen Denkens seit dem 19. Jahrhundert deuten. Je mehr sich in der Zeit nach Hegel die Philosophie im Allgemeinen ideologisch einfärbte und ihre weltanschauliche Seite immer klarer zutage trat, desto unklarer wurde das traditionelle Bild vom Menschen an sich, und desto offensichtlicher wurde es, dass die Bedeutung des Menschseins und die Frage nach dem Wesen des Menschen vieldeutig geworden waren. Daher stammte die Forderung, das Menschsein und das Wesen des Menschen im Ganzen endlich frei von einer bestimmten Ideologie (wie dem Materialismus) oder Weltanschauung (wie dem Szientismus) zu fundieren.

Um dieser doppelten Forderung seiner Zeit gerecht zu werden, intendierte Scheler auf der einen Seite eine Anthropologie, die *philosophisch* sein sollte, die sich also von der naturwissenschaftlichen Erforschung des Menschen unterschied. Anderseits sollte seine Philosophie *anthropologisch* sein, sie stellte sich also in bewussten Gegensatz zum bisherigen philosophischen Menschenverständnis. Indem Scheler vor allem auf die Methode der Husserlschen Phänomenologie zurückgriff, erforschte er das Menschsein in der wirklichen und konkreten Beziehung zu den anderen, und indem er die Leiblichkeit des Menschen berücksichtigte, versuchte er die irrationale Seite des Menschen durch eine Analyse der menschlichen Gesinnungen zu erklären. Mit dieser neuen Methodologie zielte Scheler auf die Einführung einer philosophischen Anthropologie, die auf dem Standpunkt der Intersubjektivität und nicht auf der sogenannten modernen Subjektivität beruhen sollte.

Charakteristisch für Schelers anthropologische Betrachtungen sind seine Erläuterungen über den „gesamten Aufbau der biopsychischen Welt". Er unterscheidet zwischen vier Stufen, unter die er alle lebendigen Tätigkeiten – sei es von Pflanzen, Tieren oder auch Menschen – subsummiert. Ich will sie kurz zusammenfassen:

Die unterste Stufe des Lebendig-Psychischen bildet der „bewusstlose, empfindungs- und vorstellungslose ‚Gefühlsdrang'". Er liegt sozusagen am Ursprung der vitalen Kräfte und des Psychischen, wo Triebe und Affekte noch eine Einheit bilden. Aber der Drang selbst ist schon auf eine Sache gerichtet, er ist mit Zielhaftigkeit versehen. Dies gilt schon für den allgemeinen Drang, der für das Wachsen und Gedeihen der Pflanzen sorgt (durch den sich z. B. die Zweige der Sonne entgegenstrecken). Auch in allen Tieren und sogar im Menschen ist dieser Drang noch vorhanden. Hinter allen Empfindungen, Wahrnehmungen und Vorstellungen ist er verborgen, und im Wachzustand wie im Schlaf bleibt seine Flamme stets lebendig.

Die zweite Stufe („Wesensform") ist der „Instinkt", den Scheler vom tierischen Verhalten her definiert: Instinktives Verhalten ist „sinnmäßig" und läuft nach einem „festen, unveränderlichen Rhythmus" ab. Weiterhin ist der Instinkt „art-dienlich": er bezieht sich nur auf Situationen, die für das Artleben als solches von Bedeutung sind, nicht auf die Sondererfahrungen des Individuums. Dementsprechend ist der Instinkt „angeboren" und trägt maßgeblich zur Erhaltung der Art bei. Dass der Instinkt in der Gestaltentstehung gleichsam als Grundbewegung im Voraus eingereiht ist, ist schließlich sein fundamentales Merkmal, und dieses bleibt auch im Menschen in zurückgebildeten Formen bestehen.

Die dritte Stufe nennt Scheler das „assoziative Gedächtnis", das dem gewohnheitsmäßigen Verhalten zugrunde liegt. Hierzu gehören im Wesentlichen Assoziation, Reproduktion und bedingter Reflex (Pawlowscher Hund). Den Pflanzen fehlt es sicherlich, aber in fast allen Tieren wirkt es bis zu einem gewissen Grade. Denn viele Tiere können durch Lernen ihr gewohnheitsmäßiges Verhalten ändern. Dabei werden sie von einem eingeborener Trieb, dem Wiederholungstrieb, geleitet, der sie zu dem durch „Versuch und Irrtum" gekennzeichneten Verhalten veranlasst (z. B. spielenden jungen Hunden).

Im Menschen reicht das Wirken von Assoziation und Reproduktion am weitesten und ist am klarsten. Spezielle Ausformungen des Wiederholungstriebs sind Nachahmung und Kopieren. Wiederholt sich diese Verknüpfung von Nachahmung und Reproduktion, so entsteht die wichtige Tatsache der „Tradition".

Die vierte und letzte Wesensform der biopsychischen Welt ist für Scheler die „praktische Intelligenz". Sie ist durch die Fähigkeit gekennzeichnet, ohne die Methode „Versuch und Irrtum" auf sinnvolle Weise mit einer ganz neuen Situation fertig zu werden, wobei Antizipation und Auswahl die Voraussetzungen sind. Scheler bezeichnet diese Intelligenz als „praktisch", weil der Organismus hier mit seinem Handeln ein Ziel anstrebt. Unter „Intelligenz" versteht Scheler die „plötzlich aufspringende Einsicht in einen zusammenhängenden Sach- und Wertverhalt innerhalb der Umwelt, der weder direkt wahrgenommen, noch vorher wahrgenommen wurde". Im Unterschied zum assoziativen Gedächtnis ist sie also nicht reproduktives, sondern produktives Denken, das mit Antizipation verbunden ist. Scheler konnte hier schon auf die Ergebnisse des Verhaltensforschers Wolfgang Köhler (1887-1967)[26] zurückgreifen, der Schimpansen einfachste Intelligenzhandlungen zusprach.

---

[26] Estnischer Verhaltensforscher und einer der Begründer der Gestalttherapie. Er untersuchte zwischen 1914 und 1920 für die Preußische Akademie der Wissenschaften auf Teneriffa das Verhalten von Schimpansen und veröffentlichte 1917 ein damals revolutionäres Werk mit dem Titel *Intelligenzprüfungen an Anthropoiden*.

In diesen Betrachtungen über die Stufenfolge der psychischen Kräfte und Fähigkeiten hat Scheler den Menschen im Zusammenhang der Lebenswelt im breiten, Tiere und Pflanzen einschließenden Sinne dargestellt. Mit seinem Vergleich, der den Menschen als Höhepunkt in der Reihe der Lebewesen erscheinen lässt, wollte Scheler die besondere Stellung des Menschen im Kosmos herausarbeiten, und sicherlich hat er damit eine Perspektive eröffnet, die sich zumindest vom vorhergehenden im Wesentlichen auf philosophischen Überlegungen beruhenden Menschenbild unterschied. Insofern Scheler die damals neuen wissenschaftlichen Ergebnisse berücksichtigte, konnte er den Anspruch erheben, eine neue Anthropologie entwickelt zu haben.

Scheler verstand den Menschen aus dem vergleichenden Gegensatz zu den Pflanzen und Tieren. Hieraus ergibt sich für seine Anthropologie eine ganz andere, entscheidende Frage. Scheler schreibt: „Besteht dann, wenn dem Tiere bereits Intelligenz zukommt, überhaupt noch *mehr* als ein nur gradueller Unterschied zwischen Mensch und Tier – besteht dann noch ein *Wesensunterschied*? Oder aber gibt es über die bisher behandelten Wesensstufen hinaus noch etwas ganz anderes im Menschen, ihm spezifisch Zukommendes, was durch Wahl und Intelligenz überhaupt nicht getroffen und erschöpft ist?"

Vor Scheler teilten sich in dieser Frage die Geister, grob gesagt, in zwei Lager: das eine hielt am traditionellen Verständnis des Menschen fest und betrachtete die Intelligenz als eine Fähigkeit, die ausschließlich dem Menschen zukommt und ihn vom Tier unterscheidet. Das andere Lager, in dem sich die Vertreter der Evolutionstheorie befanden, leugnete jede klare Grenzziehung zwischen Mensch und Tier.

Scheler wies beide Positionen zurück und behauptete: „Das Wesen des Menschen und das, was man seine „Sonderstellung" nennen kann, steht *hoch* über dem, was man Intelligenz und Wahlfähigkeit nennt, und würde auch nicht erreicht, wenn man Intelligenz und Wahlfähigkeit quantitativ beliebig, ja bis ins Unendliche gesteigert vorstellte."

Trotzdem zögert Scheler, dieses Neue, das den Menschen ausmacht, als eine fünfte Wesensform den schon erwähnten vier biopsychischen Kräften hinzuzufügen. Er erkennt zwar an, dass es die vier Stufen übersteigt, scheut sich aber davor, eine fünfte Stufe einzuführen. Das ist schwer verständlich und für uns ein schwer lösbares Problem.

Wie hat Scheler das konkret gedacht? Für ihn steht das neue Prinzip „außerhalb dessen, was wir ‚Leben' im weitesten Sinne nennen können". Darum sei es keine neue (fünfte) Stufe des Lebens, sondern ein „allem *und jedem Leben überhaupt, auch dem Leben im Menschen entgegengesetztes Prinzip:* eine echte neue Wesenstatsache, die als solche überhaupt nicht auf die ‚natürliche Lebensevolution' zurückgeführt werden kann, sondern, wenn auf etwas, nur auf den obersten einen Grund der Dinge selbst zurückfällt [...]".[27] Dieses Prinzip bezeichnet Scheler mit dem Wort „Geist". Dass der Geist außerhalb des Lebens im weitesten Sinne liegt, bedeutet natürlich nicht, dass er vom menschlichen Leben entfernt existieren kann. Sondern der Geist kann sich als Prinzip dem ganzen Leben entgegenstellen, er kann unter Umständen

---

[27] Scheler 1928, S. 37.

sogar das eigene Leben negieren und damit überschreiten.

Schelers Geistbegriff umfasst das ideale, abstrakte Denken („Ideendenken"), aber auch die „Anschauung" von „Urphänomenen oder Wesensinhalten", sowie eine „bestimmte Klasse *volitiver* und *emotionaler* Akte wie Güte, Liebe, Reue, Ehrfurcht, geistige Verwunderung, Seligkeit und Verzweiflung, die freie Entscheidung". Das Zentrum dieser Tätigkeiten, das gleichsam der Sitz des Geistes ist, nennt Scheler „die Person".

Die höchste Bedeutung des Geistes ist nach Scheler, dass er, wenn man seine besonderen intellektuellen und volitiven Fähigkeiten entdeckt, in seiner Grundbestimmung frei ist von der Anhaftung, dem Zwang und der Abhängigkeit, die zum Leben gehört. Das geistige Wesen ist nicht mehr trieb- und umweltgebunden, es ist mit Schelers Worten „umweltfrei" oder auch „weltoffen". Es hat „Welt", es vermag die „Widerstands- und Reaktionszentren seiner Umwelt (...) zu *Gegenständen* zu erheben und das Sosein dieser Gegenstände prinzipiell *selbst* zu erfassen". Daher ist Geist für Scheler „Sachlichkeit". Der Geist kehrt das prinzipielle Verhältnis zur äußeren Wirklichkeit und auch zu sich selbst um.

Wenn man sich unter diesem Aspekt dagegen mit der Frage nach dem Wesen des Tieres auseinandersetzt, so geht beim Tier jede Handlung von der physiologischen Zuständlichkeit seines Nervensystems aus, dem die psychische Reize der Instinkte usw. zugeordnet ist. Die Umweltstruktur ist der physiologischen Eigenart des Tieres angemessen und in diesem Sinne „geschlossen".

Ein Wesen aber, das Geist hat, „wird vom puren Sosein eines zum Gegenstand erhobenen Anschauungs- oder Vorstellungskomplexes ‚motiviert'", und zwar unabhängig von der physiologischen und psychischen Zuständlichkeit des Organismus. Frei, d. h. vom Personenzentrum ausgehend wird der Triebimpuls gehemmt oder enthemmt, wodurch es am Ende zu einer „Veränderung der Gegenständlichkeit der Sache" kommt. Diese Form der Tätigkeit, nämlich die Form der prinzipiellen Befreiung von der Unterdrückung durch die Umwelt und die Anhaftung an die Umwelt, nennt Scheler „Weltoffenheit" und sagt: *„Der Mensch ist das X, das sich in unbegrenztem Maße ‚weltoffen' verhalten kann.* Menschwerdung ist Erhebung zur Weltoffenheit kraft des Geistes".[28]

Heben wir hervor: Scheler hat in seine anthropologischen Forschungen die neueren Ergebnisse der damaligen Einzelwissenschaften einbezogen und durch sie angeregt fruchtbare Einsichten gewonnen. Trotzdem kommt er im Verlauf seiner philosophischen Untersuchung über die Stellung des Menschen im Kosmos zu dem Schluss, dass ein neues Prinzip, das Prinzip des „Geistes", für das Verständnis des Menschen unerlässlich ist. So ist der Mensch in seinem Dasein als Geist ein Wesen, das von Anfang an etwas verlangt, was den Menschen übersteigt, und das darauf abzielt, in einem Verhältnis dazu zu leben. Der Mensch ist selbstverständlich ein Lebewesen und besitzt kein Dasein unabhängig vom Leben. Aber erst in einer Beziehung zu etwas, das ihn übersteigt, nämlich zu etwas Unendlichem, etwas Absolutem, erkennt der Mensch seine eigene Begrenztheit bzw. Relativität, erst wenn er in dieser Selbsterkenntnis lebt, wird es ihm, wie wir oben feststellen, möglich, sein menschliches Dasein als Geist zu verstehen. An dieser Stelle wird wohl

---

[28] Scheler 1928, S.33.

erstmals die „Religion" zum Thema. Darauf komme ich zurück.

(b) Mensch und Übermensch bei Nietzsche

Der zweite Denker, dessen originäre Sichtweisen über den Menschen ich behandeln will, ist Friedrich Nietzsche. In seinem reichen Denken findet man die unterschiedlichsten Betrachtungen über den Menschen, aber ich kann im gegebenen Zusammenhang nur einen Aspekt behandeln, nämlich, wie Nietzsche das Verhältnis von Mensch und Übermensch denkt.

In der Vorrede des ersten Teils von *Also sprach Zarathustra* schildert Nietzsche folgende Szene: Zarathustra ist gerade von seinem Berg herabgestiegen und hat eine Stadt betreten. Dort hat sich auf dem Markplatz viel Volk versammelt, und man ist gerade dabei, den Kunststücken eines Seiltänzers zuzusehen. Dieser bunten Menge predigt Zarathustra nun den Übermenschen. Aber seine Zuhörer verstehen ihn nicht, sondern lachen ihn nur aus. Also versucht er es noch einmal mit anderen Worten, und dieser bekannte Teil aus Nietzsches philosophischer Dichtung beginnt mit den Sätzen:

„Der Mensch ist ein Seil, geknüpft zwischen Tier und Übermensch――ein Seil über einem Abgrunde. Ein gefährliches Hinüber, ein gefährliches Auf-dem-Wege, ein gefährliches Zurückblicken, ein gefährliches Schaudern und Stehenbleiben".[29]

Was sagt dies über den Menschen? Welcher Begriff vom Menschen liegt dem zugrunde?

Wie deutlich werden wird, beziehen sich diese Worte auf die Seinsweise des Menschen in unserer Gegenwart,

---

[29] Nietzsche, Friedrich 1885: *Also sprach Zarathustra*, (KSA. Bd.4.) S. 16 [Vorrede].

sie schildern, mit einem Ausdruck Nietzsches, den Zustand des Menschen im „nihilistischen Zeitalter". Für das Menschsein steht hier die Allegorie des Seils, das über den Abgrund gespannt ist, und der Mensch bewegt sich spielerisch darauf und geht hinüber. Wenn der Mensch sein Tiersein aufgibt, tut er seine ersten Schritte als Mensch auf dem Seil, und es beginnt ein gefährlicher Drahtseilakt. Der Mensch geht dem Übermenschen entgegen, d. h. einer Seinsweise, die ihn selbst überschreitet – dieses Ziel im Auge, ist er schon auf dem Weg.

Auch wenn ich hier nicht auf die verschiedenen Konsequenzen eingehen kann, die mit Nietzsches sehr origineller Idee vom Übermenschen verbunden sind, ist doch eines klar:

Ein Mensch, der sein Tiersein abgelegt hat, und den Status des Übermenschen anstrebt, ist ein Wesen der Mitte und des Übergangs. Darum schwebt er über einem Abgrund, und dies preist Nietzsche als das eigentlich Bedeutende am Menschsein: „Was groß ist am Menschen, das ist, dass er eine Brücke und kein Zweck ist: was geliebt werden kann am Menschen, das ist, dass er ein *Übergang* und ein *Untergang* ist."[30]

Alles an diesem Übergang ist gefährlich: sowohl das Zurückblicken auf das, was war, als auch das Vorwärtsblicken auf das Ziel. Vor allem aber ist das Stehenbleiben gefährlich, und eine Rückkehr zur Ausgangsposition kommt schon gar nicht in Frage. Mit diesem Bild hat Nietzsche herausgearbeitet, wie gefährlich der Zustand des Menschen im Zeitalter des Nihilismus ist.

Es würde viele weitere Betrachtungen erfordern, um zu verstehen, wie Nietzsche mit dieser totalen Gefahr im nihilistischen Zeitalter umgegangen ist, wie er sie auflö-

---

[30] Ebenda.

sen und überwinden wollte. In unserem Zusammenhang kommt es nur auf das Menschenbild an, das Nietzsche in seinem Gleichnis vom Seiltänzer zum Ausdruck bringt. Es gibt in der Natur des Menschen die Neigung, sich selbst zu überschreiten, etwas Trans-Menschliches zu suchen, und solange der Mensch von dieser Neigung getrieben wird, gerät er beim Versuch, sie zu verwirklichen, fast notwendigerweise in Schwierigkeiten. Nietzsches Parabel betrachtet auf eigentümliche Weise die Situation des gegenwärtigen Menschen, oder gibt wenigstens einen klaren Hinweis darauf. Hier wollen wir die Bedeutung der Parabel unter dem Gesichtspunkt der Beziehung des Menschen zur Religion ausfindig machen, und ich werde auch darauf noch einmal zurückkommen.

(c) Tillichs „Dimension der Tiefe"

Als dritten Denker, der sich auf sehr originelle Weise Gedanken über den Menschen gemacht hat, komme ich noch einmal auf Paul Tillich zu sprechen. Tillich hat in fortgeschrittenem Alter eine kleine Abhandlung mit dem Titel *Die verlorene Dimension* verfasst, deren Inhalt ich kurz vorstellen möchte.[31]

Tillich geht in dieser Abhandlung von der geistigen Situation seiner Zeit aus, er versucht, aus verschiedenen geistigen, kulturellen und religiösen Einzelmomenten ein Gesamtverständnis zu entwickeln. Dabei erkennt er als grundlegende Tendenz der heutigen Menschheit einen „Verlust der Dimension der Tiefe". Obwohl Tillich schon vor einem halben Jahrhundert darauf hingewiesen hat, dürfte sich an der hier angesprochenen Situation bis heu-

---

[31] Tillich, Paul 1964 b: *Die verlorene Dimension* (Gesammelte Werke, Bd.5), S.45-50. Englischer Titel: *The Lost Dimension in Religion*.

te nichts geändert haben, eher hat sich die Lage noch verschärft.

Der Ausdruck „Dimension der Tiefe" scheint auf den ersten Blick eine Metapher zu sein. Was aber bedeutet sie, wenn man sie auf das geistige Leben des Menschen anwendet? Und was ist mit dem Zustand des Verlustes gemeint? – Der Mensch, so sagt Tillich, vergisst die Tiefendimension seines Geistes. „Vergessen" heißt hier aber nicht nur, dass er es versäumt, eine Antwort auf die Frage nach dem Sinn seines Lebens zu geben, sondern dass ihm die Frage selbst abhandengekommen ist, dass er gar nicht mehr daran denkt, sie überhaupt zu stellen.

Wie kommt es zu diesem „Verlust der Dimension der Tiefe" in unserer Gegenwart, und worin zeigt er sich dem Menschen selbst? Ursachen und Hintergründe sind nicht leicht zu verstehen, denn sicherlich liegt es nicht an der viel beklagten Verderbtheit und Dekadenz unseres Zeitalters, oder gar daran, dass die Menschen selbst schlechter geworden sind. Die Situation hat nach Tillich vielmehr etwas damit zu tun, dass sich das Verhältnis des Menschen zur Welt geändert hat, sie ist in der eigentümlichen neuen Seinsweise des Menschen begründet.

Der gegenwärtige Mensch setzt alles daran, sich durch wissenschaftliches Vorgehen im weitesten Sinne die Welt im Ganzen zu unterwerfen, und sie anschließend mit Hilfe der Technik effektiv auszunutzen. In den so entstandenen technisch hoch entwickelten, bürokratisch verwalteten Gesellschaften wirken alle treibenden Kräfte gleichsam in horizontaler Richtung. Dabei erweitert sich der Lebenshorizont des Menschen in der Breitendimension, diese wird immer reichhaltiger und dehnt sich endlos aus. Aber dies gilt nicht für die vertikale, geistige Dimension, die Dimension der Tiefe.

In der Tat erfahren wir aus den neueren wissenschaftlichen Untersuchungen immer mehr Details über die größten und kleinsten Dinge im Universum, alles wird erforscht von den fernsten Weiten des Alls bis hin zur subatomaren Ebene. Unaufhaltsam schreiten Wissenschaft und Technik voran – und mit ihnen die funktionale Verwaltung und Administration der Gesellschaft. Unsere Fähigkeiten und Kenntnisse vergrößern sich, wie gesagt, in der horizontalen Ebene. „Immer größer", „immer mehr", „immer breiter" – so lauten die Ziele, die der Mensch heutzutage anstrebt. Sie sind für ihn Indikatoren des Erreichten und Nicht-Erreichten. Natürlich sind die Ergebnisse, die auf diese Weise für das praktische Leben des Menschen und die Gesellschaft erzielt werden, keineswegs geringzuschätzen, und ich brauche nicht hervorzuheben, dass sie für das Dasein und die Lebensweise des gegenwärtigen Menschen einen großen Segen darstellen. Jedoch bewirkt diese Fokussierung auf diese Konzentration auf die horizontale, in die Breite gehende Dimension auf der Kehrseite einen Verlust und ein Vergessen der Dimension der Tiefe, der geistigen Dimension des Menschen. Darum sind wir nach Tillich geradezu unausweichlich in die gegenwärtige Situation geraten. Dies scheint mir heutzutage erst recht eine unverkennbare Tatsache zu sein.

Aber wie denkt sich Tillich diese „verloren gegangene Dimension der Tiefe"? Damit der Mensch in horizontaler Richtung tätig sein kann, braucht er die Fähigkeiten des Intellekts bzw. seine Vernunft im weiteren Sinne. Wird also die Dimension der Tiefe durch außerintellektuelle, irrationale Fähigkeiten erreicht?

Um hier ausführlichere Erläuterungen zu vermeiden, gehe ich nur auf das Ergebnis ein, auf das Tillich seine

Sichtweise führt, und dies nur kurz. Nicht das Außerintellektuelle, Irrationale ist für Tillich nämlich der Zugang zur Dimension der Tiefe. Er weist an anderer Stelle, wo er über die Vernunft im Ganzen schreibt, darauf hin, dass man seit alters her zwischen zwei Seiten der Vernunft unterschieden habe: zwischen der, wie er es nennt, „technischen Vernunft" (*technical reason*) und der „ontologischen Vernunft" (*ontological reason*).[32] Die erstere agiert in der erwähnten horizontalen Dimension. Demgegenüber ist die letztere in der gesamten Kulturgeschichte der Vergangenheit nahezu ausnahmslos als eine Fähigkeit verstanden worden, die die Eigenart und Bedeutung des menschlichen Daseins aufzeigt. Die Vermutung liegt darum nahe, dass diese Fähigkeit mit der Tiefendimension des Menschen verbunden ist.

Noch weiter im Inneren dieser eigentlichen Vernunft denkt sich Tillich die sogenannte „Tiefe der Vernunft". Diese Tiefe der Vernunft, wenn man es auf einen einfachen Nenner bringen will, ist an und für sich keine Vernunft mehr. Aber als Grundlage der Vernunft macht sie sozusagen die Tiefendimension der Vernunft aus und äußert sich in allen Tätigkeiten der Vernunft. Wir können diese Tiefe der Vernunft im normalen Sinne weder erkennen noch bewusst machen. Aber sie ist eben der wesentliche Ursprung, der uns nicht nur zu intelligiblen Menschen, sondern zu Menschen überhaupt macht. Insofern führt sie zu dem hinüber, was den Menschen transzendiert.

Mit seiner Feststellung, dass im Geist des gegenwärtigen Menschen die Dimension der Tiefe abhandengekommen ist, versucht Tillich darauf hinzuweisen, wie

---

[32] Tillich, Paul 1957: *Dynamics of Faith*. New York: Harper Colophon Books, S. 75.

weitgehend die erwähnte eigentliche Vernunft (die ontologische Vernunft) heutzutage übersehen und geradezu
verachtet werde; er macht auf diese Weise deutlich, dass
wir gegenwärtigen Menschen die transzendente Grundlage des menschlichen Daseins, die sich im Wort „Tiefe
der Vernunft"[33] ausdrückt, weitgehend vergessen und
verloren haben. In unserem gegenwärtigen geistigen
Zustand sind wir weit entfernt von dieser Grundlage,
vielmehr widmen wir uns ausschließlich der Aufgabe, die
rein äußerlichen, oberflächlichen Aspekte des Daseins bis
ins Unendliche in die Breite zu treiben. Aber wenn der
Mensch sich selbst als Mensch in seiner Totalität wahrhaft kennenlernen will, wenn er zur Einsicht über sich
selbst gelangen will, dann muss er sich als ein Wesen
verstehen, das aus einem Sein heraus kommt, das ihn
zwar überschreitet, aber trotzdem die Grundlage seiner
selbst ist. Erst dadurch ist der Mensch in vollständigem
Sinne er selbst, erst dadurch wird es ihm möglich, eigentlich er selbst zu sein. An dieser Stelle taucht das Problem
der Religion auf.

(d) Der Mensch und das Transzendente

Als Ausgangspunkt für unser Nachdenken über den
Menschen haben wir uns mit drei Denkern befasst, die
unserer Gegenwart noch relativ nahestehen, und uns
bemüht, die charakteristischen Merkmale ihrer jeweiligen Sichtweise vom Menschen herauszuarbeiten. Wir
haben das Menschenbild aus der philosophischen Anthropologie Schelers besprochen, danach warfen wir einen Blick auf Nietzsches Auffassung vom Menschen im
nihilistischen Zeitalter, und schließlich haben wir Tillichs

---

[33] Tillich, Paul 1955: *Systematische Theologie. Bd. I* Stuttgart: Evangelisches Verlagswerk, S. 96f.

religionsphilosophische Reflektionen über den Menschen kennengelernt. Diese drei Denker vertreten in vieler Hinsicht recht unterschiedliche Positionen und haben keinen nachhaltigen Einfluss aufeinander ausgeübt. Es war sozusagen mein ganz persönlicher Gedanke, sie in einer Reihe zu behandeln. Trotzdem scheint es mir, dass im Menschenverständnis gerade dieser drei so unterschiedlichen Denker etwas, ich darf wohl sagen, Gemeinsames sichtbar wird, das ich wie folgt beschreiben möchte: Sie alle beziehen sich bei ihrem Versuch, den Menschen zu verstehen, auf etwas, was den Menschen sozusagen überschreitet (ihn transzendiert). Dieses Transzendente wird in der gewöhnlichen und oberflächlichen Betrachtung des Menschen, in der man sozusagen nur mit dem Allerweltsverstand nach dem Menschen sucht, nicht unbedingt bemerkt, vielleicht wird es sogar absichtlich übersehen und ausgeschlossen. Aber sofern man wie diese Denker ein Gesamtverständnis des Menschen anstrebt, ist das nur zu erreichen, wenn man den Menschen in Beziehung zu etwas ihm Transzendenten setzt, wenn man also ein Moment berücksichtigt, das über das Begrenzt-Menschliche hinausgeht. Unter dem Gesichtspunkt, dass man den Menschen als ein endliches Sein auffasst, darf man dieses Moment auch als „etwas Unendliches" bezeichnen.

Dieser Sachverhalt scheint mir bei Scheler in dem Gedanken angelegt zu sein, dass er in seiner philosophischen Anthropologie nicht ohne die Seinsweise des „Geistes" auskam. Bei Nietzsche ist es der Gedanke des „Übermenschen" und bei Tillich die „Dimension der Tiefe". Tillichs Einsicht in den „Verlust der Dimension der Tiefe" deutet auf etwas Verlorenes, Vergessenes – etwas, das dem Menschen einstmals das Allerwichtigste war.

Dieser Verlust führt zugleich zum Verlust der eigentlichen Menschlichkeit, der wahren Seins- und Lebensweise als Mensch. In diesem Sinne hat Tillich nachdrücklich darauf hingewiesen, dass der gegenwärtige Mensch überhaupt dazu neige, die eigentliche Menschlichkeit zu verlieren, dass er in Gefahr sei, sie zu vergessen.

Wenn man es aus einem anderen Blickwinkel betrachtet, ist es „die Dimension der Tiefe" im menschlichen Geist, die Seinsweise des Herzens, die es dem Menschen ermöglicht, sich auf das Religiöse zu beziehen und auf dieser Grundlage zu leben; sie ist der Seinsort des Herzens, wo man das Religiöse entdecken kann. Die Religion ist nichts anderes als die Seinsweise des Menschen, in seinem eigenen Inneren und seiner Tiefe etwas Transzendentes, d. h. das Absolute und Unendliche zu finden und sich im Verhältnis zu ihm zu reflektieren und zu rekonstruieren.

Das Transzendente und Absolute mag einem wie das vollkommene Gegenteil zur Tiefe erscheinen, aber inhaltlich bezieht es sich auf ein und denselben Sachverhalt. „Tiefe" bedeutet hier in der Tat nichts anderes als ein „Überschreiten zur Tiefe". Die Religion als Beziehung zur Transzendenz ist die Beziehung des Menschen zu dem, was den Menschen transzendiert und trotzdem unentbehrlich für die Eigen-Reflexion und das Eigen-Verstehen des Menschen ist. Religion ist im Grunde genommen nichts anderes, als dass man den Ursprung, die Möglichkeit und auch die Bedeutung des eigenen Seins denkt und erforscht.

Die Besonderheit der buddhistischen Weltanschauung

Die voranstehenden zwei Kapitel habe ich mit „Die religiöse Situation der Gegenwart" und „Der Mensch und die Religion" betitelt, weil sie sich mit einer Thematik befassen, die man im Wesentlichen durch drei Schlüsselwörter charakterisieren kann: Gegenwart, Mensch und Religion. Ein anderes für unseren Zusammenhang wichtiges Thema ist noch offengeblieben, nämlich die Frage nach der Welt, d. h. wie wir Menschen die Welt, in der wir selbst leben und zuhause sind, sehen und erfassen. Dies ist das Problem der sogenannten Weltanschauung (*sekaikan*). Von Weltanschauung spricht man natürlich unter verschiedenen Aspekten, und wir wollen uns natürlich hauptsächlich mit der Weltanschauung befassen, die aus einem religiösen Standpunkt hervorgeht. Im Vergleich mit der Weltanschauung anderer Religionen scheint mir die buddhistische Weltanschauung einige auffallende Eigenarten zu besitzen. Diese Eigenarten möchte ich im Folgenden näher betrachten, um noch einen ergänzenden Beitrag zum Thema „Der Mensch und die Religion in der Gegenwart" zu leisten.

(a) Über die verschiedenen Weltanschauungen

Zunächst möchte ich einige Bemerkungen über das Wort „Weltanschauung" hinzufügen. Das Wort wird auch in der Alltagssprache benutzt, und jeder dürfte davon einen groben Begriff haben. Es bezeichnet sozusagen unsere Sichtweise auf die Welt, wie und unter welchem Gesichtspunkt wir sie sehen. Dies hängt eng mit der „Sicht vom Menschen" (*ningenkan*) zusammen, der Art und Weise, wie man den Menschen, der in dieser Welt lebt, betrachtet. Aber auch wenn man sich in sozusagen alltäglicher Weise fragt, wie man die Welt sieht, ist die Frage doppeldeutig, denn man einerseits nach Form und Gestalt der Welt fragen, sozusagen nach dem Aussehen der Welt (des Kosmos), andererseits aber danach, was das, was man Welt nennt, eigentlich ist, welches Wesen die Welt als der Ort des menschlichen Lebens besitzt, wie wir sie sehen und was sie insofern für uns bedeutet. Die Weltbetrachtung im letzteren Sinne bezeichnet man im Allgemeinen als „Weltanschauung" (*sekaikan*), die Weltbetrachtung im ersteren Sinne hingegen bezeichnet man eher mit dem Wort „Weltbild" (*sekaizō*). Im Japanischen ist das Wort „Weltbild" übrigens ziemlich unüblich. Man drückt das, was für diesen Inhalt steht, vielmehr mit dem Begriff *uchūron* aus, den als „Bild- bzw. Lehre vom Weltall" übersetzen müsste.

In dieser Weise wird im Japanischen zwischen den Begriffen „Weltanschauung" und „Weltbild" kaum unterschieden (von „Weltbild" spricht man eigentlich gar nicht), und dies trägt dazu bei, dass der Begriff „Weltanschauung" selbst unklar und mehrdeutig wird. Im Deutschen jedoch ist der Unterschied zwischen „Weltanschauung" und „Weltbild" wohl ein wenig klarer, und dasselbe lässt sich wohl vom englischen *world view* und *world image* sagen.

Allerdings kommt es wohl nicht selten vor, dass beide Begriffe insofern schwer gegeneinander abzugrenzen sind, als sie auf ein und dasselbe bezogen werden. Ein klassisches Beispiel, das einem in den Sinn kommt, ist die mythische Weltanschauung bzw. das mythische Weltbild.

Ich habe weder den Raum noch verfüge ich über ausreichende Kenntnis, die Inhalte der Mythen und die mythischen Welten genau zu analysieren und ausführlich zu betrachten. Wenn ich aber meinen groben Eindruck wiedergeben darf, so sind die mythische Welten (die mythischen Erzählungen) oft an einem Ort fern dieser Erde angesiedelt, jedoch irgendwo mit ihr verbunden, oder es sind in irgendeinem Sinne utopische, ideale Welten, die aber oft ganz konkret gedacht werden. Selbstverständlich gilt dies nicht für alle Mythen, aber in einem solchem Falle sind die Weltanschauung der Mythen und das mythische Weltbild kaum voneinander zu unterscheiden. Das Weltbild dieser Mythen, so kann man es wohl verstehen, tritt als solches aus Schilderungen hervor, die man als mythische Weltanschauung ansprechen muss. Umgekehrt gesagt: was man als Weltanschauung bezeichnet, spricht sich in diesem konkreten Weltbild aus, bzw. kann aus ihm herausgelesen werden.

Das exakte Gegenteil davon scheint mir das naturwissenschaftliche Weltbild und die naturwissenschaftliche Weltanschauung zu sein. Details über die allerletzten Erkenntnisse der Naturwissenschaft möchte ich beiseitelassen und nur ein allgemeines Verständnis voraussetzen, über das heute jeder verfügt.[34] Wie heute im Allgemeinen bekannt ist, spricht die Naturwissenschaft von einer Ordnung des Sonnensystems, wobei die Sonne im Zentrum steht und die Planeten (einschließlich unserer Erde) sie umkreisen, außerhalb dieses Systems erstreckt sich ein unbegrenzt weiter Weltraum, der sich in der gleichen Struktur und Ordnung ausbreitet. Der Anfang für das Entstehen des Weltalls war der Urknall (Big Bang), das Universum dehnt sich bis heute immer weiter aus usw. Dies ist etwa der Grundriss des allgemein bekannten natur-

---

[34] Obwohl es nicht den neuesten Stand naturwissenschaftlicher Theorie wiedergibt, noch immer instruktiv und lesenswert: „Die Einheit des naturwissenschaftlichen Weltbildes" in: Heisenberg, Werner 1955: *Das Naturbild der heutigen Physik* Hamburg: Rowohlt.

wissenschaftlichen Weltbilds. Es wird auch das wissenschaftliche Bild vom Universum bzw. die wissenschaftliche Kosmologie genannt.

Auf diesem wissenschaftlichen Weltbild beruht die sogenannte wissenschaftliche Weltanschauung, die heute allgemein vorherrscht, aber auch oft mit Ideologien verbunden und von ihnen beeinflusst ist. Nach der wissenschaftlichen Weltanschauung ist die Welt im Ganzen von Kausalbeziehungen, die sich in Naturgesetzen ausdrüken, beherrscht. Alles besteht aus ausgedehnter Materie, die sich überall gleich verhält (Homogenität). Die Welt besitzt also rein materielle Natur, sie ist ein im Grunde mechanisches System, das Gegenstand der naturwissenschaftlichen Forschung ist.

Die mythische Weltanschauung (und ihr Weltbild) und die wissenschaftliche Weltanschauung (und ihr Weltbild) markieren gewissermaßen zwei Extreme, wobei man sich die philosophische und die religiöse Weltanschauung in der Mitte dieser beiden Extreme denken kann. Während im Mythos Weltanschauung und Weltbild fast ohne Trennung voneinander bestehen, ist in der Wissenschaft das Weltbild in exakter Weise auf wissenschaftliche Einsichten gegründet, es ist aber klar von der wissenschaftlichen Weltanschauung unterschieden. Wenn Mythos und Wissenschaft die beiden Extreme darstellen, wie ist dann das Verhältnis von Weltanschauung und Weltbild in den dazwischen liegenden Bereichen der Religion und Philosophie zu verstehen? Dies sei im Folgenden näher betrachtet.

(b) Die philosophische Weltanschauung

Beginnen wir mit der Betrachtung der philosophischen Weltanschauung! Der Begriff „Weltanschauung" selbst ist aus dem philosophischen Denken hervorgegangen und im Medium dieses Denkens erstmals erörtert worden. Dabei unterscheiden sich die Inhalte der philosophischen Weltanschauung je nach Standpunkt und allgemeiner Tendenz dieses Denkens. Da ich nicht ins Detail gehen kann, beschränke ich mich freilich auf die grundlegenden Merkmale und allgemeinen Tendenzen, die allen Ansätzen gemeinsam sind.

Zunächst bemerkt man im Falle der philosophischen Weltanschauung, dass sie das Weltganze im Allgemeinen im Zusammenhang mit einer Bewertung betrachtet, die zwischen Hohem und Tiefem, Überlegenem und Unterlegenem unterscheidet. Die Welt wird sozusagen hierarchisch gedacht, sie wird in vielen Fällen als vielschichtig bzw. strukturiert angesehen. Dies steht in offensichtlichem Gegensatz zur wissenschaftlichen Weltanschauung, die, wie oben erwähnt, ein homogen verfasstes Weltganzes lehrt.

Als eines der klassischen, typischen Beispiele für eine solche philosophische Weltanschauung können wir die Weltanschauung Platons anführen. Platon gründete die Ordnung des Seins im Ganzen bekannter Weise auf dem Fundament der Wahrheit bzw. des höchsten Gutes – des Wahren, Guten und Schönen. Die sogenannte Ideen-Welt ist die wahre und höchste Welt. Dabei war für Platon die Idee des Guten die Idee aller Ideen. Er hielt sie für das endgültige Prinzip, auf dem die Ideenwelt im Ganzen und damit die Ordnung aller Ideen von Dingen basierte. Gemessen an dieser Ideen-Welt als dem wahrhaft Seienden ist unsere wirkliche Welt, die sogenannte phänomenale Welt, die von der Ideenwelt her in Erscheinung tritt, nichts anderes als eine Welt der Schatten, die der realen

Welt Ideen gegenübersteht, sie ist eine Welt des Scheins gegenüber der Wahrheit der Ideen.

Das berühmte Höhlengleichnis, das sich in Platons Hauptwerk „Der Staat" (*Politeia*) findet,[35] erläutert vortrefflich den Zusammenhang zwischen dieser Welt der Ideen und der wirklichen Welt, in der wir leben, wir erfahren etwas über die Seinsweise des Menschen, der an beiden Welten teilhat.

Kurz zusammengefasst, schildert das Gleichnis uns Menschen als Gefangene, die gefesselt in einer Höhle sitzen. Die Sonne scheint im Rücken der Höhleninsassen, sodass sie nur Schatten auf der Wand der Höhle sehen. Sie können also die verschiedenen Dinge, die außerhalb der Höhle vorbeiziehen, nicht wirklich wahrnehmen, sondern sie sehen nur die Schatten jener Dinge und halten sie deshalb für die Dinge selbst. Wenn die Menschen im Gleichnis schon die wahren Dinge (Ideen), die sich außerhalb der Höhle durch das Sonnenlicht bewegen, nicht sehen können, um wie viel weniger können sie die leuchtende Sonne selbst betrachten, die hier für die Idee des Guten als der höchsten Idee steht!

Die genaue Deutung dieses platonischen Textes ist schwierig, aber im Großen und Ganzen drückt er wohl die philosophische Weltanschauung Platons aus, insbesondere das Verhältnis der Ideenwelt zur Erscheinungswelt (unserer „wirklichen" Welt), ferner die Seinsweise des Menschen in diesen Welten. Ganz offensichtlich findet hier eine Bewertung statt: die Ideenwelt ist die höhere und überlegene, die Erscheinungswelt die niedrigere und minderwertigere. Das Ganze hat den Charakter einer teleologischen Weltanschauung, die auf die endgültige Wahrheit abzielt.

---

[35] Platon: *Der Staat*, 514a.

Als Weiterentwicklung der platonischen Weltanschauung – einer Weltanschauung, die die Wirklichkeit als eine Welt der Schatten begreift – kann man die Weltanschauung des Neuplatonismus ansprechen. Nach Plotins sogenannter Emanationslehre entströmt alles dem höchsten Einen, die Ordnung des wahrhaften Sein vollzieht sich als Emanation in absteigenden Stufen: vom Einem, zur Vernunft (griech. nús), Seele bis hin zur Materie (griech. hylé).

Diesen beiden philosophischen Weltanschauungen lässt sich übrigens kaum ein philosophisches Weltbild zuordnen, in dem sie konkrete Gestalt annehmen würden. Natürlich kann man es so sehen, dass sich in diesen Weltanschauungen das Weltbild der damaligen Zeit widerspiegelt, aber ein konkretes Weltbild, wie man es wenigstens in den mythologischen Weltbildern oder im wissenschaftlichen Weltbild vorfindet, wird hier nicht deutlich beschrieben. Es war wohl erst Aristoteles, der auf der Basis der platonischen Weltanschauung ein inhaltlich bestimmtes philosophisches Weltbild entwarf und vollendete.

Das aristotelische philosophische Weltbild ist recht bekannt, da es seit dem Ende des Altertums, das ganze Mittelalter hindurch bis zum Anfang der Neuzeit, eine vorherrschende Stellung im westlichen Denken eingenommen hat. Dieses philosophische Weltbild überlagerte sich vom Mittelalter bis zur frühen Neuzeit mit dem wissenschaftlichen Weltbild, das in seiner konkreten Gestalt der große alexandrinische Astronom Ptolemäus in zweiten Jahrhundert zu einem fast abgeschlossenen Ganzen geformt hatte. Das Weltbild des Ptolemäus, nur um es kurz in Erinnerung zu rufen, setzt die Erde als Zentrum des Universums, um das sich in abgestuften Sphären die Planeten (einschließlich der Sonne und des Mondes) drehen. Die äußerste Sphäre ist weiterhin die Himmelskugel, an der die zahlreichen Fixsterne haften, und die sich kreisförmig um eine Achse bewegt. Ein mechanisches Verständnis durchwaltet diese ganze Kosmologie, weshalb man sie auch als Himmelsmechanik bezeichnet.

Da dieses Verständnis des Universums für uns Menschen, die auf der Erde wohnen, höchst natürlich ist und mit der Alltagserfahrung bestens übereinstimmt, war es bis zum Zeitalter der wissenschaftlichen Entdeckungen in der Neuzeit allgemein anerkannt. Bis zur sogenannten kopernikanischen Wende hielt man daran fest, und es nahm als philosophisches und zugleich wissenschaftliches Weltbild eine unerschütterliche Stellung in der Kosmologie ein. Auch in diesem System werden die der Erde nahe Erdenwelt (die sublunare Welt) und die den Fixsternen nahe Himmelswelt als Regionen betrachtet, die wertmäßig über- und untergeordnet sind, es herrscht also eine teleologische Weltanschauung, wobei als Grundnatur der Dinge gilt, dem Besseren (Höheren) zuzustreben.

(c) Die religiöse Weltanschauung – der Fall des Christentums

Es mag wie ein unvermittelter Sprung in meinen Überlegungen erscheinen, aber die religiöse Weltanschauung im westlichen Mittelalter ist entstanden, als sich die lange Zeit vorherrschende philosophische Weltanschauung der Griechen (oder besser: das Weltbild der Griechen) mit der religiösen Weltanschauung des Christentums überlagerte. Deshalb führt mich das Thema nun ganz von selbst zur religiösen Weltanschauung bzw. zum religiösen Weltbild.

Es ist kaum nötig zu sagen, dass die Welt des Christentums im Ganzen eine von Gott aus dem Nichts geschaffene, d. h. kreatürliche Welt ist. Hauptmerkmal der Welt ist es, als Schöpfung auf den Schöpfer bezogen zu sein. In diesem Sinne unterscheidet sich die Welt radikal von Gott, denn alle von Gott geschaffenen Kreaturen können nur mit der Unterstützung Gottes fortbestehen. Diese christliche Weltanschauung verband sich also mit dem oben erwähnten aristotelisch–ptolemäischen Weltbild und fungierte bis zum Beginn der Neuzeit als philosophisches Weltbild und religiöse Weltanschauung.

Wenn wir nun der weltbildlichen Seite, die sich aus der christlichen Weltanschauung ergab, nachspüren, so besitzt das Seiende (einschließlich des Menschen) insgesamt ein von Gott unterschiedenes, von Gott äußerst entferntes Sein. Umgekehrt gesagt, bedeutet dies, dass die Kreaturen und vor allem der Mensch bestrebt sein müssen, sich zu erheben und sich dadurch Gott zu nähern. Dies ist ihre Bestimmung und das Ziel, das insbesondere dem Menschen auferlegt ist. Wenn man diese Sachlage von einem anderen Blickwinkel aus betrachtet, wird sehr schnell klar, dass das Ganze des christlichen Weltbildes von vorneherein eine Art Stufenwelt impliziert. Der Mensch muss sich von der Erde erheben, über Stufen hinweg allmählich von irdischer Unreinheit und Begierde lösen, und so durch immer tiefer gehende Läuterung zur höheren, nämlich göttlichen Welt emporsteigen. Auf diese Weise vertieft sich der Glaube, und der Mensch kommt Gott immer näher. Allgemein gesprochen, stellt Gott den obersten und endgültigen Zweck dar, darunter verbreitet sich der göttliche Bereich, also das Reich Gottes oder Himmelreich, wo die Engel und die anderen gottverwandten Wesen selig wohnen. Der

Mensch muss aus allen Kräften danach streben, sich nach und nach diesem Höheren anzunähern, um endlich am engelhaften und göttlichen Sein teilhaben zu können. Die Heiligen und Seligen des katholischen Christentums sind jedenfalls Menschen, die dies verwirklicht haben.

Die christliche Weltanschauung ist sehr fest mit einer entsprechenden Sicht vom Menschen verbunden und zeitigt eine Ordnung, die sich gerade wegen ihrer strengen Hierachie bestens mit dem seit dem Altertum vorherrschenden philosophischen Weltbild verträgt.

Die Erde steht im Zentrum, der Himmel mit all seinen Sternen dreht sich um sie. Hoch oben, jenseits der Himmelsphären erstreckt sich der göttliche Himmel, das Reich Gottes, an dessen höchstem Punkt der Allmächtige über allem waltet. Die Stufen der Heiligkeit sind zugleich Organisationsstruktur des Raumes, und die Welt, wie sie im christlichen Weltbild entworfen wird, ist nichts anderes als der Ort, an dem der Mensch Stufe für Stufe immer reineren Sphären entgegensteigt. Auch in anderen Religionen könnte man, denke ich, von kleineren Unterschieden abgesehen, ähnliche Denkweisen ausmachen, aber ich möchte mich hier auf das Beispiel des Christentums beschränken.

(d) Die Weltanschauung und das Weltbild des Buddhismus

Damit ist der Punkt erreicht, an dem wir über das buddhistische Weltbild und die buddhistische Weltanschauung sprechen können. Die Weltanschauung und das Weltbild des Buddhismus gehören natürlich zu den religiösen Weltanschauungen und Weltbildern. Aber es scheint doch, um es kurz vorwegzunehmen, dass sich die buddhistische Weltanschauung und das buddhistische

Weltbild einige Eigenarten besitzen und sich vom christlichen Fall, den wir hier als Beispiel behandelt haben, unterscheiden. Dass es Unterschiede im Standpunkt und der Denkweise zweier Religionen gibt, ist wohl nicht allzu überraschend, aber es ist schon erstaunlich, wie fundamental sich Buddhismus und Christentum in Weltanschauung und Weltbild unterscheiden. Zuerst wollen wir unseren Blick auf das Weltbild des Buddhismus richten. Ein grober Überblick mag hier genügen.

Das Weltbild des Buddhismus wird beispielweise von Vasubandhu, einem indischen Mönch aus dem 5. Jahrhundert, beschrieben, der insbesondere als einer der wichtigsten Lehrer der Cittamatra-Schule (etwa „Nur-Geist-Schule", *yuishiki*) bekannt ist.[36] In seinem Buch *Abhidharmakośa* (etwa „Schatzkammer der Dogmatik", *kusharon*) bietet er eine außerordentlich systematische Konstruktion des Weltganzen. Nach Vasubandhu besteht das Universum aus drei riesigen Ringkörpern (einem Wind-, einem Wasser- und einem Goldring), welche übereinandergeschichtet im leeren Raum schweben. Über diesen Ringkörpern breiten sich der Erdboden und das Meer aus, wo alle Lebewesen heimisch sind. Die Ringkörper, die für den Erdboden und die Meere das Fundament bilden, sind also als die Naturwelt anzusehen. Dagegen sind die Erde und das Meer, wo alle fühlenden Wesen leben, die Lebenswelt. Im Zentrum der Erde ragt der Berg Sumeru empor. Ihn umgeben ringförmig sieben Bergketten. Außerhalb dieser Ketten liegt ein Meer mit vier Kontinente; dabei befindet sich in jeder der vier Himmelsrichtungen jeweils ein Kontinent. Der südliche

---

[36] Saigusa, Mitsuyoshi 2004: *Seshin* 世親 [*Vasubandhu*] Tōkyō: Kōdansha gakujutsu bunkō, S.102 ff. Meine Darstellung folgt fast ausschließlich diesem Buch.

Kontinent Jambudvīpa (*senbushū*) genannt, ist besonders hervorzuheben, da wir Menschen dort leben. Den äußersten Rand der Erde bildet der sogenannte „Eisenumhüllungsberg" (*tetchisen*). – Soweit also das buddhistische Weltbild in groben Zügen.

Dieses Weltbild hat möglicherweise etwas damit zu tun, dass die alten Inder ihr Heimatland als die Welt, d. h. als den südlichen Kontinent in seiner Gänze betrachteten, da Indien wird im Norden vom Himalaya begrenzt wird. Jedenfalls besitzt dieses altindische, buddhistische Weltbild einen recht eigentümlichen Aufbau. Dabei ist noch zu erwähnen, dass die Ursache für das Entstehen dieses Universums und aller Phänomene durch die Kraft der Handlungen (*karma*) aller Lebewesen hervorgebracht wird. Aus diesem Grund ist die Welt im buddhistischen Weltbild aus sich selbst heraus entstanden, sie wird also nicht von einem Gott geschaffen.

Nun zur buddhistischen Weltanschauung. Auch in ihrem Fall geht es, wenn wir den Begriff „Weltanschauung" im gleichen Sinne wie bisher verwenden, um die Frage, auf welche Weise der Buddhismus diese Welt sieht und welche Bedeutung er ihr zumisst.

Auf der einen Seite ist auch im Buddhismus die Welt (der „Ort des Lebens") in Form einer abgestuften Reihenfolge gedacht. Darin wohnen der Mensch und alle Lebewesen (*ujō*) auf der Erde, und auch sie können sich zu Höherem erheben. Insbesondere dem Menschen obliegt es, den Weg des Buddha zu gehen und sich dem hohen Ziel der Buddhaschaft annähern, indem er sich in der buddhistischen Lehre und Übung schult. Über die zahllosen Stufen, die durch eine Fachterminologie sehr explizit bestimmt werden, brauchen wir nicht im Detail zu sprechen. In der Höhe der Welt jedenfalls, die die Naturwelt und Lebenswelt überschreitet, sind Bereiche, in denen fern von allem Materiellen und Physischen nur noch Geistiges existiert. Der Mensch soll sich dem Göttlichen, der Bodhisattva- und schließlich der Buddhaschaft selbst annähern und zu ihr aufsteigen. Dies alles ist von einem ganz grundsätzlichen Standpunkt des buddhistischen Denkens, der erwähnten Cittamātra-Lehre aus zu verstehen, die ohne Zweifel eines der wichtigen buddhistischen Weltbilder darstellt. Sicherlich zeigen sich hier inhaltliche Ähnlichkeiten zu anderen religiösen Weltanschauungen wie etwa der christlichen, die wir oben betrachtet haben. Denn mit einem Wort geht es bei dieser Denkweise um eine Art stufenweisen Fortschreitens, und sie ist in den grundlegenden Gedanken des Buddhismus enthalten.

Andererseits aber findet sich im Buddhismus auch der Gedanke, dass die an und für sich gleiche Welt je nach Betrachtungsweise anders aufgefasst wird. Wenn ein und dieselbe Welt verschieden betrachtet werden kann, heißt das mit anderen Worten, dass die Umkehr der Sichtweise von Belang ist. Dabei bezieht sich der Ausdruck Sichtweise nicht so sehr auf die Welt, wie wir sie thematisiert haben, sondern eher auf alle Sachverhalte, alle Dinge und ihre Seinsweisen im Ganzen.

Dieser Gedanke ist im Buddhismus weit verbreitet, und man spricht vom „zweifach Einleuchtenden" (*nitai*). „Das Einleuchtende" ist im Buddhismus dasjenige, was man aufgrund einer Sichtweise als Wahrheit der Dinge (*shinri*) bzw. ihre wahren Merkmale (*shinsō*) sieht. Das „zweifach Einleuchtende" verweist in diesem Falle darauf, dass es zwei Sichtweisen der Dinge, zwei Wahrheiten über sie bzw. zwei wahre Merkmale von ihnen gibt. Man unterscheidet nämlich zwischen eminent, absolut Einleuchtendem (*shōgitai*) und profan, konventionell Einleuchtendem (*sezokutai*).

Da der Begriff des zweifach Einleuchtenden in seiner langen Geschichte sehr unterschiedlich benutzt worden ist, ist es schwierig, ihn zu erklären, und ich kann nur versuchen, eine allgemeine, möglichst wörtliche Erklärung zu geben.[37] „Eminent" im Falle des „eminent Einleuchtenden" bedeutet eigentlich das erste bzw. höchste: deshalb versteht man unter dem eminenter Einleuchtenden die Sichtweise bzw. die Wahrheiten, die nur für einen zur Buddhaweisheit Erwachten zugänglich sind. Dies ist sozusagen die überweltliche, überirdische Ansicht bzw. Wahrheit. Dagegen verweist das „profan Einleuchtende" wörtlich auf eine weltliche Ansicht bzw. Wahrheit, die auch von gewöhnlichen Menschen auf der Welt zu erreichen ist.

Wichtig ist in diesem Zusammenhang, dass keine dieser zwei Sehweisen besonders betont wird, sondern dass beide Seiten für gleich wichtig gehalten werden, die eine also ebenso hoch wie die andere geschätzt wird. Man kann ein und dieselbe Welt (oder ein und denselben Sachverhalt) also von zwei verschiedenen Gesichtspunkten her betrachten (wobei freilich klar ist, dass am Ende das eminent Einleuchtende das letzte, höchste Ziel ist.)

Sieht man auf die lange Geschichte des Mahāyāna-Buddhismus, dann kann man wohl feststellen, dass dieser Standpunkt eher dem Denken der Madhyamaka-Schule („Schule des mittleren Weges",*chūgan-ha*) nahesteht, die im Gegensatz zur oben erwähnten Cittamātra-

---

[37] Erklärungen zur profanen und eminenten Einleuchtung und über ihren Zusammenhang zur Schule des Mittleren Wegs finden sich in: Yamaguchi, Susumu 1972: *Hannya shisōshi* 般若思想史 [*Geschichte des Prajñā-Philosophie*] Kyōto: Hōzōkan.

Schule das Denken der Leerheit auf Grundlage der Lehre vom Bedingten Entstehen betont.[38]

In diesem Zusammenhang ist zu unterstreichen, dass wir Menschen das Beharren auf irgendeiner von den beiden Erleuchtungen unbedingt vermeiden und vielmehr beide ernst nehmen sollten. Denn auf Grundlage der Lehre vom Bedingten Entstehen sollte man einem Menschen gegenüber, der auf dem Sein beharrt und vom Sein gefesselt ist, lehren, dass alles im höchsten Sinne absolut nichtig, leer und ungeboren ist. Gegenüber einem Menschen jedoch, der an der Leerheit anhaftet, auf der absoluten Nichtigkeit beharrt und von ihr gefesselt ist, sollte man erklären, dass alles im profanen Sinne seiend und hervorgebracht ist.

Kurzum, ich möchte bezüglich der buddhistischen Weltanschauung auf folgendes hinweisen: Die zwei Weltanschauungen – die der eminenten und die der profanen Erleuchtung (wie klar sein sollte, sind es nicht nur zwei Sichtweisen gegenüber der sogenannten Welt, sondern darin enthalten sind Sichtweisen gegenüber allen Wahrheiten der Wirklichkeit) – stehen sozusagen in Opposition, man kann etwas auf zweifache Weise betrachten. Wenn die eminente Erleuchtung, vom Standpunkt der buddhistischen Wahrheit her gesehen, auch eminent und endgültig ist, ist die profane Erleuchtung doch nicht einfach falsch und fehlerhaft. Sie ist ebenfalls ein wahres Merkmal, eine Tatsache der wirklichen Welt, und nicht

---

[38] Als Beispiel dafür möchte ich den ersten Patriarchen der chinesischen Sanron-Schule, Jizang (549-623), anführen. Nagao, Gajin 1984: *Bukkyō no genryū* 仏教の源流 [*Grundströmungen des Buddhismus*] Ōsaka: Ōsaka shoseki. Trotzdem leugnet auch die Cittamatra-Schule das Weltbild der Madhyamaka-Schule keinesfalls, sondern setzt es eher voraus.

bloß eine Schattenwelt oder ein Trugbild der wirklichen Welt. Dies sollte eigentlich auf Basis der Lehre vom Bedingten Entstehen genauer betrachtet werden. Aber wir können im Folgenden auf diese grundsätzliche Lehre nicht näher eingehen.

(e) Die Besonderheit der buddhistischen Weltanschauung

Vielleicht habe ich die buddhistische Weltanschauung sogar etwas zu ausführlich behandelt. Mir lag aber daran, klarzumachen, dass es im Buddhismus einerseits den Gedanken einer hierarchischen Ordnung der Welt gibt, andererseits aber auch eine Denkweise, die von einer doppelten Betrachtungsweise, den zwei Formen des Einleuchtenden oder der Einsicht, ausgeht, die gleichsam parallel oder korrelativ zueinander stehen. Ich hoffe nicht, dass meine Erklärungen zu Missverständnissen Anlass geben, aber diesen Unterschied zu anderen religiösen Weltanschauungen, für die ich als typisches Beispiel die christliche zitiert habe, wollte ich doch herausarbeiten.

Natürlich gibt es auch im Buddhismus die Weltanschauung vom stufenmäßigen Aufbau der Welt, in der man durch religiöse Übungen des Körpers und durch Vertiefung der geistigen Weisheit Schritt für Schritt emporsteigt. Insofern vertritt auch der Buddhismus einen Standpunkt, der dem Fortschreiten des Menschen auf den Stufen des christlichen Universums, seinem Emporsteigen durch innere Reinigung und Vertiefung des Glaubens ähnlich ist.

Zugleich aber lehrt der Buddhismus eine doppelte Sichtweise auf dieselbe Welt, nämlich die eminente Einsicht und die profane Einsicht. Das Verhältnis zwischen den beiden Formen ist nicht durch eine Stufenfolge von Niederwertigem zu Höherwertigem gekennzeichnet, es ist keine Hierarchie, wie man sie anderswo findet.

Natürlich kann nicht jeder die Weltanschauung der eminenten Einsicht erreichen, nur der zur überweltlichen Weisheit Erwachte ist dazu imstande. Deshalb bedeutet die Wendung von der profanen zur eminenten Einsicht eine Annäherung an das endgültige Ziel des Buddhismus, und da muss sich eine Art stufenmäßiges Fortschreiten ergeben. Aber die besondere Bedeutung dieses buddhistischen Gedankens liegt, so scheint mir, gerade darin, dass die zweifache Sichtweise der Wahrheit immer zugleich und parallel gedacht ist. Man spricht zwar von wahrer und profaner Einsicht, aber das Beharren auf irgendeiner von den beiden ist letzten Endes falsch und unpassend.

Sind diese zwei Sichtweisen – die eminente und profane, die wahre und weltliche – als Ganzes nicht die grundlegende Eigenart der buddhistischen Weltanschauung? Zwischen beiden besteht keinesfalls ein Übergang, doch heißt das auch nicht, dass die eine Seite von der anderen Seite irgendwie getrennt sei. Zweifache Einsicht bedeutet nicht, dass es zwei Welten (Weltanschauungen) gebe, vielmehr gibt es nur einen Wechsel in der Sichtweise der einen, einzigen Welt. Wenn man von zwei Welten sprechen würde, dann ergäbe dies eine Verdopplung der Welt. Aber wenn man ein und dieselbe Sache aus zwei verschiedenen Gesichtspunkten darstellt, handelt es sich nur um eine Veränderung der Sichtweise.

Dieser Gedanke wird erst unter der Voraussetzung der Lehre des Bedingten Entstehens möglich. Vom Standpunkt des Bedingten Entstehens aus ist unsere wirkliche Welt zugleich auch die Welt der absoluten Nichtigkeit (*kū*), und die wahrhafte Welt als solche ist doch nichts anderes als unsere wirkliche Welt. Um es noch einmal zu sagen: beide Welten sind nicht substantiell verschieden. Die eine Welt kann als die andere betrachtet werden. Darum wird in der buddhistischen Terminologie wiederholt das Zeichen *soku* „nicht anders als" verwendet. Die wahrhafte Welt *ist nichts anderes als* die Welt der Leidenschaften. Die Vorstellung der zwei Welten (oder die zweifache Weltanschauung) führt zu diesem „nichts anders als". Das ist sozusagen der metaphysische bzw. ontologische Hintergrund.

Im Mahāyāna-Buddhismus gibt es eine ganze Reihe von Redewendungen, die das ausdrücken: „Form ist nichts anderes als Leerheit (*shiki soku ze kū*), Leerheit ist nichts anderes als Form (*kū soku ze shiki*)". Ferner: „Samsara ist nichts anderes als Nirwana (*shōji soku nehan)",* die „Leidfaktoren sind nichts anderes als die Erleuchtung" (*bonnō soku bodai*)". Für alle diese Sätze stellt die oben erklärte buddhistische Weltanschauung die gemeinsame Formel bereit.

Die zwei Begriffe, die mit "nichts anderes als" (*soku*) verbunden werden, sind vom allgemeinen profanen Standpunkt aus das vollkommene Gegenteil, im buddhistischer Betrachtungsweise werden sie aber „als solches" für ein und dasselbe angesehen. Die Logik, durch die Gegenteiliges miteinander verbunden wird, können wir nicht weiter erläutern. Es ging mir auch nicht darum, diese Logik darzustellen, vielmehr habe ich nur versucht zu zeigen, was die Grundlage für die Möglichkeit solcher Aussagen, was ihr unausgesprochen vorausgesetzter Hintergrund ist. In diesem Sinne wollte ich lediglich die Eigentümlichkeit der buddhistischen Weltanschauung und insoweit auch ihre Bedeutung vorstellen.

Schlussbetrachtung

Ich habe irgendwann einmal gelesen – ich weiß leider nicht mehr, wo es stand – dass ein begrifflichen Sachverhalt, der durch logische Erklärungen nicht zu verstehen ist, durch ein Gleichnis erläutern werden solle. Wenn das Gleichnis angemessen sei, könne man dadurch die Sachlage bis zu einem gewissen Grade konkret verstehen und sich davon überzeugen.

Eine andere Methode des Verstehens ist es, durch irgendeinen symbolischen Ausdruck eine Ahnung von der symbolisierten Sachlage zu bekommen. Durch ein Symbol wie ein Kunstwerk oder eine Dichtung können uns ganz unvertraute Sinnzusammenhänge plötzlich verständlich werden.

Zum Schluss möchte ich so das Zeichen *soku,* "nichts anderes als", wenigstens annäherungsweise verständlich machen. Dazu möchte eine Art Gleichnis erzählen. Es ist nur eine kleine persönliche Erfahrung, und man mag darüber streiten, ob man überhaupt von einem Gleichnis sprechen kann.

Ich hatte bis zum letzten März ein Amt an einer kleinen lokalen Universität inne, die sozusagen im japanischen Hinterland liegt. Deshalb musste ich jede Woche zwischen Kyōto und einer kleinen Stadt mit dem Zug hin- und herfahren. Manchmal fuhr ich sehr spät, also in der Nacht. Nun führt die Verbindung, die Hokuriku-Linie, zwar nicht nur durch ländliche Gegenden, aber sie wird doch nur wenig genutzt. Wagen und Gleise sind schon ziemlich altmodisch. Am späten Abend oder in der Nacht sind die Abteile hell beleuchtet, man sitzt im Licht greller Neonröhren. Da aber die Abteile und die ganze Zugstrecke schon ein bisschen an ein Eisenbahnmuseum erinnern, muss die Stromversorgung der Wagen an einem bestimmten Ort der Strecke auf eine andere Spannung umschaltet werden. Dann gehen im Zug alle Lichter aus. Einige Sekunden lang ist es in den Abteilen völlig dunkel.

Weil es schon spät war, schliefen während der Fahrt die meisten Fahrgäste mit offenem Mund, viele waren angetrunken und schnarchten. Auch mein eigenes Gesicht, das sich im Fenster des Zuges spiegelte, schien im gelben Neonlicht sehr müde auszusehen, sein Gesichtsausdruck war wohl wenig vorteilhaft. Soweit also der Zustand im Wagen bei hellem Licht. Dann aber wurde plötzlich der Strom umgeschaltet, ein Ruck, und alles war stockdunkel. In der Finsternis des Abteils konnte man nichts mehr erkennen. In diesem Augenblick sah man zum ersten Mal die dunkle Welt draußen, die fahlen Lichter der Häuser und Straßen erschienen in der Dunkelheit. Genau in diesem Moment sah man also die echte Welt, so wie sie in der Nacht ist.

Die dunkle Welt, die in dem Augenblick erscheint, in dem der Strom umgeschaltet wird, ist in der Tat die eigentliche, echte Welt, wie sie der späten Nachtstunde entspricht, und die Lichter draußen sind die echten Lichter in der Dunkelheit. Dagegen bilden die Gestalten, die man bis dahin im hell erleuchteten Wagen sah, eine bloß im künstlichen Licht der Lampen aufleuchtende, homozentrische und unechte Welt. Freilich ist diese Welt nach dem gesunden Menschenverstand unsere wirkliche, innerweltliche Lebenswelt, die mit der Welt im profanen Licht (in profaner Einsicht) verglichen werden kann. Aber weil es draußen in Wahrheit Nacht ist, ist das, was in der Dunkelheit leuchtet, die echte, wahrhafte Welt, die für die Welt der eminenten Einsicht steht.

Im Falle dieses Gleichnisses sind die Helligkeit und das Dunkel zueinander konträr (da es um ein Ereignis in der

Nacht geht). Das macht den Sachverhalt ein wenig unverständlich. Trotzdem habe ich in dieser Erfahrung wahrgenommen, dass sich dieselbe Welt je nach Sichtweise (nämlich im Unterschied zwischen dem Sehen im Lampenlicht des Wagens und dem Sehen im natürlichen Dunkel der echten Nacht) unterschiedlich darstellt. Mir wurde klar, dass, so wie im Gleichnis der Strom umgeschaltet wird, ein Umschalten des Herzen nötig ist. Über diese kindische Entdeckung war ich beim ersten Mal ganz überrascht.

Ich bin nicht sicher, ob diese Erfahrung als Gleichnis für den Gegensatz zwischen wahrer und profaner Einsicht, also für das Zugleich-Sein der beiden unterschiedlichen Sichtweisen in der buddhistischen Weltanschauung, herhalten kann. Für mich selbst war es jedenfalls eine interessante Erfahrung.

Zu guter Letzt: wie kommt es zu dieser Umschaltung zwischen eminenter und profaner Erleuchtung, was ermöglicht diese Umkehr? Alle umfangreichen Systeme des buddhistischen Denkens, das ja eine lange Geschichte aufweist, haben große Anstrengungen unternommen, um dies klären. Insbesondere die Strömungen, die man im Buddhismus als „Pfad der Heiligen" (*shōdōmon*) bezeichnet, haben sich darum bemüht. Im Gegensatz zu diesen stehen die Schulen des Reinen Landes (*jōdomon*) auf dem Standpunkt, dass diese Umkehr oder Umschaltung von der Seite Buddhas her geschieht und durch die große Kraft des von Buddha geleisteten Gelübdes schon vollbracht wurde. Allgemein betrachtet, hat das Denken dieser Schulen des Reinen Landes die grundlegende Eigenart, niemals zu übersehen, dass die wahre Einsicht etwas im Wesentlichen Transzendentes ist, und dementsprechend den Glauben an eine transzendente Fremdkraft zu betonen. Die buddhistische Weltanschauung bietet auf diese Weise vielfältige Möglichkeiten, und auch das darf man wohl zu ihren grundlegenden Eigenschaften zählen.

Nachwort

Das vorliegende Buch entstand wie im Vorwort erwähnt aus neun Einzelvorträgen, die ich im Verlauf dreier Jahre – 2003, 2004 und 2011 – jeweils im November zum Hōonkō-Seminar des Düsseldorfer Ekō-Hauses gehalten habe. Anfangs war jedoch keineswegs daran gedacht, die drei Vortragsreihen fortlaufend zu gestalten, und so könnte es scheinen, dass insbesondere die dritte Vortragsreihe aus dem Jahr 2011 mit den beiden vorhergehenden in keinem direkten Zusammenhang stehe. Shinrans Denken und Glauben als „Religion der Fremdkraft" hat aber durchaus Bezüge zur Gegenwart und ist für sie von Bedeutung, weshalb der Titel nach Ergänzung der dritten Vortragsreihe eigentlich am Zutreffendsten lautete: „Shinrans Religion der Fremdkraft und die Gegenwart".

Kurz nach meiner Rückkehr nach von der letzten Deutschlandreise im November 2011 erlitt ich einen Hirnschlag und Herzinfarkt und war gezwungen, zwei Monate im Krankenhaus zu verbringen. Als ich den kritischen Zustand glücklich überwunden hatte und wieder ins Alltagsleben zurückkehren konnte, hörte ich, dass das Buch auf eine erneute Initiative Professor Aoyamas hin nun veröffentlicht werden könne. Ich freue mich darüber aufrichtig und bin ihm zu tiefen Dank verpflichtet.

Eine erste Korrektur der auf Deutsch gehaltenen Vorträge besorgte Frau Bettina Langner-Teramoto noch in Japan. Herr Marc Nottelmann-Feil hat sie mit der freundlichen Unterstützung von Prof. Dr. Gregor Paul in Buchform gebracht. Ich möchte allen Beteiligten von Herzen danken.

Kyōto, Juni 2013

Tan Sonoda

Glossar der japanischen Fachbegriffe

(zusammengestellt von Marc Nottelmann-Feil)

akuninbokori 悪人ぼこり „Stolz darauf, ein schlechter Mensch zu sein". Das Bemühen darum, ein schlechter Mensch zu sein, weil der Buddha gerade die schlechten Menschen rettet. Eine Form des ↗*ianjin*.

anjin 安心 „Friedvolles Herz". Das Herz, das zur Ruhe gekommen ist, weil es die Gewissheit erlangt hat, durch Amidas Grundgelübde (↗*hongan*) ins Reine Land geboren zu werden. ↗*shin*₁ Gegenbegriff: ↗*ianjin*

bombu 凡夫 „Gewöhnliches Wesen". Oft wird auch mit „törichtes Wesen" übersetzt. Der Gegenbegriff zu *bombu* ist allerdings nicht der Weise, sondern der Heilige.

bonnō soku bodai 煩悩即菩提 „Die Leidfaktoren sind nichts anders als die Erleuchtung" Insbesondere in den Schriften der ↗*yuishiki-ha* oft belegte paradoxe Formulierung. ↗*soku*

bosatsu 菩薩 s. *bodhisattva* „Erleuchtungswesen" In der alten Jātaka-Literatur, die Legenden von den Vorleben des Buddha erzählt, bezeichnete man mit dem Ausdruck den Buddha in einer früheren, noch nicht erleuchteten Existenz. Im Mahāyāna-Buddhismus wurde daraus das Ideal des nach Erleuchtung strebenden Wesens, weshalb man den Mahāyāna-Buddhismus auch als Bodhisattva-Fahrzeug bezeichnet. Der Bodhisattva sucht die Erleuchtung allerdings nicht nur für sich selbst, sondern für alle anderen Wesen, er stellt den Eingang ins Nirwana zurück, solange es noch unerlöste, leidende Wesen gibt. Obwohl das Bodhisattva-Ideal von allen Anhängern des Mahāyāna-Buddhismus angestrebt wird, wird der Begriff fast nur für Personen verwendet, die in den heiligen Schriften des Buddhismus, den Sūtren, erwähnt sind. Auf den Bildern der sieben Patriarchen der *Jōdo Shinshū* werden beispielsweise nur die ersten zwei mit dem Heiligenschein eines Bodhisattvas dargestellt.

chūgan-ha 中観派 Madhyamaka-Schule (Schule des Mittleren Weges). Eine Hauptströmung des mahāyāna-buddhistischen Denkens. Wichtigster Vertreter: Nāgārjuna (150-250)

daigyō 大行 „Große Tat" , „Große Übung".Der Übungsweg des Bodhisattvas Dharmākara bzw. die „große Tat" des Buddha Amida.

daishin 大信 „Großes Vertrauen". Das von Amida geschenkte Vertrauen. ↗shin$_1$

denshō to koshō 伝承と己証 „Überlieferung und eigene Verwirklichung". Auslegungsmethode Shinrans, die Überlieferung stets ins Licht der eigenen Erfahrung zu stellen und dort ihren Erweis ↗ shō zu suchen. Im ↗Kyōgyōshinshō zitiert Shinran zu jedem Thema die klassischen Sūtren und Kommentare, und fügt eine kurze persönliche Reflektion darüber hinzu, die er den Leser nachzuvollziehen auffordert.

Dogma ↗shinkō kajō

ekō 回向 (迴向) „Verdienstzuwendung". Beide Zeichen deuten wörtlich eine Richtungsumkehr an. Jede Handlung ist auf ein Ziel gerichtet. Man vollzieht eine religiöse Handlung z. B. um ins Reine Land geboren zu werden, oder um anderen zu helfen usw. Auch die Rezitation, die eine buddhistische Andacht abschließt, nennt man *ekō*. Im Buddhismus der Fremdkraft gilt allein der Buddha Amida als derjenige, der die Verdienste zuwendet. Dabei gibt es zwei Formen der Verdienstzuwendung. ↗ōsō ekō ↗gensō ekō

Ekōji 惠光寺 Ekō-Tempel, der „Tempel des Ge-schenkten Lichts" in Düsseldorf.

fugyō 不行 „keine Übung". Shinran betrachtete sich als gewöhnlichen Menschen, der zu keiner Übung fähig ist. ↗*gyō*

fukashigi 不可思議 „unergründlich", wörtlich „etwas, was man nicht durch Denken ergründen kann".

fushigi 不思議 „unergründlich" wörtlich: „etwas, was man nicht durch Denken ergründet". Im modernen Japa-nisch versteht man darunter ein „Wunder" und so wird der Ausdruck leider nicht selten übersetzt. Der Begriff ist fast synonym zu ↗*fukashigi*, aber Shinran verwendet, wenn er vom Buddha Amida oder Grundgelübde spricht, eher den längeren Ausdruck.

gakurin 学林 "Akademie" (wörtlich „Studienhain") 1639 unter dem Namen *gakuryō* als eine Art buddhologi-sche Hochschule gegründet, wurde die Akademie im 19.Jahrhundert durch Reformen zur Ryūkoku-Universität.

ganshō 願生 „Wunsch nach Hingeburt". Synonym zu ↗*yokushō*

ganshōshin 願生心 „Herz, das sich nach Hingeburt sehnt". Eine der drei Geisteshaltungen. ↗*sanjin*

gensō ekō 還相回向 „Verdienstzuwendung unter dem Aspekt der Rückkehr". Nach seiner Hingeburt ins Reine Land kehrt der Bodhisattva in die irdische Welt zurück, um alle fühlenden Wesen zu retten. Auch dies geschieht durch die Verdienstzuwendung des Buddha. Alles, was in dieser Welt lehrreich für die erlösungsbe-dürftigen Wesen ist, kann als Form des *gensō ekō* ver-standen werden. Gegenbegriff: ↗*ōsō ekō*

genze riyaku 現世利益 „Nutzen im gegenwärtigen Leben". Der Segen, den man durch die Verehrung von Göttern und Buddhas erlangt, spielt eine Schlüsselrolle in der japanischen Religion. Auch für Shinran erfährt der Nembutsu-Übende den Schutz aller höheren Kräfte, allerdings geschieht es nicht aufgrund einer Logik des Gebens und Nehmens.

gensō sekke 還相攝化 „Belehrung unter dem Aspekt der Rückkehr". Siehe ↗*genso eko*

Glaube ↗shin₁

Glaubensartikel ↗*shinkō kajō*

gyō 行 Das Zeichen bedeutet wörtlich „gehen", d. h. einen Weg beschreiten. Gemeint ist damit im Buddhismus die „Übung" bzw. „Tat", worunter nicht nur die religiöse Übung im strengen Sinne zu verstehen ist, sondern alles, was auf dem Weg zu Buddhaschaft voranbringt. Im Buddhismus der Fremdkraft beschreitet der Buddha den Weg ↗*daigyō*, auf Seiten des Menschen geschieht kein Beschreiten. ↗*fugyō*.

gyōshinron 行信論 „Diskurs über Tat und Glaube". Ein akademischer Streit in der Edo-Zeit (1603-1867).

hakarai はからい „Kalkulation", „Berechnung". Die Haltung eines Menschen, der seinen Weg zur Buddhaschaft vorausplant, wobei er Aufwand und Nutzen der religiösen Übungen gegeneinander abwägt. Im Buddhismus der Fremdkraft ist *hakarai* ausschließlich dem Buddha vorbehalten, der Mensch „verrechnet" sich. ↗*mugi o motte gi to su*

hatsumōde 初詣 Erster Besuch des Jahres in einem shintoistischen Schrein.

higan 彼岸 „Anderes Ufer". Ein im Buddhismus oft verwendeter Vergleich, der sich auf das Reine Land oder auf das Nirwana beziehen kann. Im Mahāyāna-Buddhismus führen die sechs Vollkommenheiten (*pāramitā*) ans andere Ufer. Im Gleichnis von ↗Shandao ist das

↗Nembutsu der „weiße Pfad", der über die „zwei Ströme" – Hass und Gier – führt. ↗tōhigan ↗ohigan'e

higeman 卑下慢 „Dünkel der Bescheidenheit bzw. Selbsterniedrigung". Einer der hundertacht Leid verursachenden Geistesfaktoren. Vgl. ↗zōjōman

hō₁ 法 „Dharma". Das Zeichen bedeutet ursprünglich "Strafgesetz" und ist in dieser Bedeutung im modernen Japanisch auch noch lebendig (z. B. *hōgaku* „Rechtswissenschaft"). Die chinesischen Übersetzer verwendeten es von Anfang an (und fast durchgängig) als Übersetzung für das Sanskritwort „dharma". Darunter verstand man im alten Indien das „Tragende", nämlich die Lehre des Buddha. Der Buddha erklärt die gesetzlichen Zusammenhänge, die auf der Welt bestehen. Alles Weltliche und Überweltliche – man kann vielleicht sagen: alle Dinge bzw. Entitäten – wurden, insofern sie in gesetzlichen Zusammenhängen stehen und nur dadurch verstanden werden können, ebenfalls als „dharma" bezeichnet. Im Deutschen, das keinen ähnlichen Begriff kennt, erscheint „dharma" als sehr vieldeutiges Wort. So gelten z. B. „Zorn", „Ärger" oder „Wahrnehmungen" als dharmas, da ihnen offenbar eine Gesetzlichkeit innewohnt. Aber auch wenn der Buddha eine spezielle Lehre, z. B. eine Form der Meditation erklärt, lehrt er „einen Dharma" (im Singular!). In der Formel ↗kihō ittai wird das Wort *hō* in einer sehr speziellen Bedeutung verstanden. Es verweist hier auf den letztendlichen, wahren Buddhadharma, das letztendlich „Tragende", und damit eigentlich auf den Buddha Amida und sein Grundgelübde selbst. In diesem Sinne ist *hō* der Gegenbegriff zu ↗ki.

hō₂ 報 „Rückerstattung", „Vergeltung".

hōben hosshin 方便法身 „Dharmakörper des geschickten Mittels". Eine dem Menschen sinnlich wahr-

157

nehmbare Form des Dharmakörpers (↗*hosshin*). Dazu gehört z. B. das ↗*myōgō* in sechs Schriftzeichen. Auf der Rückseite von Altarbildern, die den Buddha Amida darstellen, ist vermerkt, dass es sich um einen vom ↗Hongwanji beglaubigten „Dharmakörper des geschickten Mittels" handele.

hongan 本願 „Grundgelübde". Nach dem Sūtra des Unermesslichen Lebens wollte der Buddha Amida, als er noch ein Boddhisattva namens Dharmākara war, ein Reines Land gründen und legte deshalb achtundvierzig Gelübde ab, die er vor dem Erreichen seiner Buddhaschaft erfüllen wollte. Die achtundvierzig Gelübde beschreiben nicht nur die Eigenarten des Reinen Landes Amidas und seiner Einwohner, sondern geben auch die Bedingungen für die Hingeburt an.

honganbokori 本願ぼこり „Stolz auf das Grundgelübde". Eine Form des ↗*ianjin* . Synonym ↗*akunin bokori*

Hongwanji (Honganji) 本願寺 „Tempel des Grundgelübdes". Der Haupttempel der *Jōdo Shinshū* in Kyōto. Aus poltischen Gründen spaltete er sich zu Beginn der Edo-Zeit in einen westlichen und einen östlichen Hongwanji. (Hongwanji ist eine alte Schreibweise, die sich eingebürgert hat.)

hondō 本堂 Haupthalle eines buddhistischen Tempels

hōon 報恩 „Rückerstattung der Güte".

hōonkō 報恩講 „*Hōonkō*-Fest". Das Gedenkfest zu Ehren Shinran Shōnins. Am ↗Hongwanji feiert man es in der Woche vor dem 16.1. (Shinrans Todestag nach dem gregorianischen Kalender). In den kleineren Tempeln feiert man es Ende November (als wäre der elfte Monat des alten Kalenders mit dem elften Monat des gregorianischen Kalenders identisch.) Auch die anderen Schulen des japanischen Buddhismus feiern den Gedenktag ihres Gründers, z. B. feiert die ↗Tendai-Schule das *Shimozuki'e*-Fest im Gedenken an Saichō.

hosshin 法身 „Dharmakörper". Im Mahāyāna-Buddhismus wird die Buddhaschaft durch die Lehre der drei Körper näher beschrieben. Der „stoffliche Körper" eines Buddha (s. *rūpakāya*) ist der den groben Sinnen wahrnehmbare Leib einer historischen Person (z. B. Śākyamunis). Der „Rückerstattungskörper" (s. *sambogha-kāya*) ist der Körper eines Buddha in einem Reinen Land, den er als Rückerstattung für die Erfüllung seiner Gelübde erhält. Der Dharmakörper (s. *dharmakāya*) eines Buddha ist der Buddha, so wie er eigentlich (in der Soheit) ist.

hosshō hosshin 法性法身 „Dharmakörper in seiner Dharmanatur". Dieser Dharmakörper (↗*hosshin*) ist dem Menschen nicht unmittelbar zu vermitteln, da er form- und gestaltlos ist. Darum gibt es den „Dharmakörper des geschickten Mittels" ↗*hōben hosshin*.

ianjin 異安心 „Missverständnis in Bezug auf das Friedvolle Herz", d. h. eine falsch verstandene Glaubensgewissheit. Gegenbegriff: ↗*anjin*

igi 異義 „Heterodoxie". Synonym: ↗*ianjin*

igyōdō 易行道 „Weg der leichten Übung". Eine andere Bezeichnung für die „Reine-Land-Lehre". Nāgārjuna vergleicht den „Weg der Leichten Übung" mit einer Schiffreise bei gutem Wind. ↗*nangyōdō*

inga ōhō 因果応報 „Ursache und Wirkung entsprechen einander". Eine Formulierung des Prinzips der karmischen Vergeltung. Siehe ↗*zen'in zenka, aku'in akka*

iraku ganshō 以楽願生 „Sehnsucht nach Hingeburt wegen der Glückseligkeit". Eine falsche Motivation für den Wunsch nach Hingeburt, weil sie die Aufgabe der Bodhisattva-Idee bedeuten würde. ↗*bosatsu*

jinshin 深心 das „Tiefe Herz". Eine der drei Geistes-haltungen. ↗sanjin ↗nishu jinshin

jiriki 自力 „Eigene Kraft". Gegenbegriff: ↗tariki

Jōdo Shinshū 浄土真宗 „Schule der Essenz des Rei-nen Landes". Abkürzung: *Shinshū.* Obwohl man den Be-griff *Shinshū* heutzutage ausschließlich auf die von Shin-ran begründete Richtung des Buddhismus, den soge-nannten Shin-Buddhismus anwendet, bezeichnete Shin-ran selbst damit die Lehre seines Lehrers Hōnen.

jōdomon 浄土門 „Tor des Reinen Landes". Gegenbe-griff ↗shōdōmon

jōdo ōjō 浄土往生 „Hingeburt ins Reine Land".

Kangyōsho 観経疏 c. *guanjingshu* „Kommentar zum Betrachtungssūtra". Ein Hauptwerk von ↗Shandao.

kenzen shōjin 賢善精進 „Eifer um Weisheit und gute Werke". Die Meinung, die Hingeburt lasse sich auf die-sem Wege erzwingen, ist ein Missverständnis (↗ianjin), das aus mangelnder Einsicht in das Grundgelübde (↗hongan) entsteht, da man den Namen bzw. das Hören des Namens überbetont. ↗ seimyō betsushū no ikei Vgl. ↗zōaku muge

ki 機 Die Grundbedeutung des Zeichens ist „Gelegen-heit" oder „Anlass" (im modernen Japanisch *kikai* bzw. *keiki*). Im Buddhismus verweist das Zeichen auf die kar-mische Situation, in der sich ein Wesen befindet, seine spirituelle Veranlagung, die es hat, wenn es der Lehre begegnet. In weiterem Sinne ist die karmische Situation als Ganzes dem fühlenden Wesen selbst gleichzusetzen. Das Zeichen hat nichts zu tun mit dem chinesischen Be-griff für Lebensenergie qi 氣, der auf Japanisch ebenfalls *ki* gelesen wird. ↗kihō ittai

kihō ittai 機法一体 „Einheit von *ki* und *hō*". Siehe Haupttext, S.50ff.

kō 講 wörtlich: "Vortrag", aber auch "Versammlung zum Üben einer buddhistischen Praxis". ↗*hōonkō*

kū 空 s. *śūnya*. „Leerheit". Ein Schlüsselbegriff insbesondere der ↗*chūgan-ha*.

kudoku 功徳 „Verdienst".

kyō₁ 教 „Lehre". Der Anfang des buddhistischen Weges ist das Hören der Lehre.

kyō₂ 経 „Sūtra". Das Sanskritwort *sūtra* bedeutet „Gewebe" und ist dem deutschen Wort Text, das mit dem Wort „Textilien" in Zusammenhang steht, vergleichbar. Im Buddhismus versteht man darunter ausschließlich die Lehrreden des Buddha. Sie stehen im buddhistischen Kanon den Schriften über die Ordensregeln (s. *vinaya*) und den Abhandlungen über die Lehre (s. *abidharma*) gegenüber.

Kyōgyōshinshō 教行信証 Shinrans Hauptwerk in sechs Bänden, dessen mutmaßliche erste Veröffentlichung 1224 als das Gründungsdatum der ↗Jōdo Shinshū gilt. Der eigentliche Titel des Werks lautet „Systematische Sammlung von Schrift[stellen], die die endgültige Lehre, Übung und Verwirklichung des Reinen Landes klarstellen" (*Kenjōdō shinjitsu kyōgyōshō monrui* 顕浄土真実教行証文類). Der heutige gebräuchliche Titel verweist auf die Überschriften der ersten vier Bände (↗*kyō₁* ↗*gyō* ↗*shin₁* ↗*shō*). Dennoch sind auch die letzten zwei Bände von großer Bedeutung, da Shinran in ihnen seine Lehre in das Gesamtsystem der buddhistischen und außerbuddhistischen Lehren seiner Zeit einordnet.

kyōman 驕慢 „Dünkel, Eitelkeit". s. *mada*

mommyō 聞名 „Hören des Namens". Gemeint ist nicht das akustische Hören des Namens, sondern das mit dem Hören der Lehre verbundene und um die Herkunft

des Namens wissende Annehmen des Namens im freud-
vollen Vertrauen. Vergleiche: ↗*monshin*

mongo myōgō, shinjin kangi 聞其名号、信心歓喜
„Diejenigen, die Seinen Namen hören, im Herzen vertrauen und sich daran erfreuen". Formulierung aus dem
Erfüllungssatz des 18. Gelübdes im Großen Sūtra
(272b11) ↗*shinjin*

monshin 聞信 „Hören-Glauben". Hören und Glauben
(Vertrauen) sind insofern verschieden als das Hörbe-
wusstsein dem geistigen Bewusstsein des Glaubens zeit-
lich vorausgeht. Sie sind aber gleich bzw. gleichzeitig,
insofern wahres Hören, nämlich das Wiedererkennen der
eigenen existentiellen Situation in der Lehre, den Glauben unmittelbar involviert. In der ↗*Jōdo Shinshū* wird der
Begriff „Hören-Glauben" verwendet, um anzudeuten,
dass das Vertrauen ein unmittelbares Angesprochensein
durch den Namensruf Buddhas sein soll – ohne dass noch
ein Urteilen bzw. Kalkulieren (↗*hakarai*) zwischen dem
Hören und dem Vertrauen liegt.

Monshu 門主 Amtstitel des Oberpriesters des ↗*Hongwanji*. Der Monshu ist das symbolische Oberhaupt der
Jōdo Shinshū.

mugi o motte gi to su 無義をもって義とす Etwa:
„[Beim Nembutsu] ist das Nicht-Erwägen das [rechte]
Erwägen" Ein berühmter Ausspruch Shinrans aus dem
zehnten Kapitel des ↗*Tannishō*, der eigentlich schon auf
seinen Lehrer Hōnen zurückgeht. Beim Nembutsu der
Fremdkraft muss man sich von allem falschen Kalkulieren
(↗*hakarai*) fernhalten. *Hakarai* ist der Fehler aller Heterodoxien (↗*igi*), die in den folgenden Kapiteln des *Tannishō* aufgeführt werden.

myōgō 名号 „Namensruf". Das erste Zeichen „myō"
bedeutet Name, das zweite Zeichen weist auf etwas, das

aus dem Mund hervortritt, was im modernen Japanisch meistens als „Wort" oder „Ausdruck" gedeutet wird. Die meisten englischen Übersetzer deuten das zweite Zeichen in emphatischer oder honorativer Funktion und übersetzen mit „the Name" oder „the Holy Name". Für Shinran bedeutet das zweite Zeichen aber streng genommen der „Ruf" – nämlich der Ruf, mit dem die Buddhas der Zehn Richtungen nach dem 17. Gelübde den Namen Amidas preisen.

Mysterium ↗*fushigi*

nanshin no hō 難信の法 „Die Lehre, der zu vertrauen am schwersten ist." Für Shinran ist der Namensruf Amidas der Teil der Lehre Buddhas, zu dem Vertrauen zu fassen am schwierigsten ist. Darum ist die Übung des Shin-Buddhismus zwar einfach (↗ *igyōdō*), das Hören (↗*monshin*) ist es aber nicht.

nangyōdō 難行道 „Weg der schweren Übung". Eine andere Bezeichnung für den „Weg der Heiligen" (↗*shōdōmon*). Nāgārjuna, der als erster Patriarch der ↗*Jōdo Shinshū* gilt, vergleicht den „Weg der schweren Übung" mit einer anstrengenden Reise über Land. Gegenbegriff ↗*igyōdō*

Nembutsu 念仏 s. *buddhānusmṛti. Wörtlich* „Achtsamkeit auf den Buddha". Ursprünglich war dies eine von sechs Achtsamkeitsübungen, bei der der Übende über die Titel des Buddha (z. B. „Lehrer der Götter und Menschen"), d. h. über das Wesen des Buddha kontemplierte. Im Mahāyāna-Buddhismus verstand man darunter Visualisationen des Buddha, wobei die körperlichen Merkmale Wesenseigenschaften des Buddha ausdrückten. Erst bei ↗Shandao rückt dieses visualisierende Nembutsu *(kansō nembutsu)* wieder in den Hintergrund, die hauptsächliche Übung ist nun das ↗*shōmyō nembutsu*, die Ausrufung des

Namens. Heutzutage versteht man unter Nembutsu fast ausschließlich das *shōmyō nembutsu*. (*Nenbutsu* ist die Schreibweise in der revidierten Hepburn-Umschrift.)

ningenkan 人間観 Modernes Japanisch für „Menschenbild". Vgl. ↗*sekaikan*.

nishu ichigu 二種一具 „zweierlei und zugleich eines" Shinrans Formel für die Einheit von Gegensätzen.

nishu jinshin 二種深信 „Zwei Aspekte tiefen Glaubens". Nach Shandao hat der Glaube zwei Aspekte: ↗*ki* und ↗*hō₁*. Siehe Haupttext.

nitai 二諦 s. *satya-dvaya*. „Zwei Formen des Einleuchtens". Die gegenwärtig verbreitete Übersetzung, die „Zwei Wahrheiten" ist problematisch, da „Wahrheit" in der westlichen Ontologie nicht pluralfähig ist. Die Deutung als „Zwei Aspekte oder Perspektiven auf die Wahrheit", die einer Pluralbildung entspräche, ist ebenfalls problematisch, da sie relativ zum Subjekt zu denken wäre, was gerade nicht in der Absicht dieser buddhistischen Formulierung liegt. ↗*tai* ↗*shōgitai* ↗*sezokutai*

obon お盆 "Ullambana-Fest", "Bon-Fest". Buddhistisches Fest zum Gedenken an die Verstorbenen. Es wird meist Mitte August gefeiert.

ōchō 横超 „horizontal-sprunghaft". Shinran unterteilt die buddhistischen Lehren gemäß einer doppelten Alternative. Sie sind „vertikal" (横 *ō*) oder „horizontal"(竪 *ju*), „sprunghaft" (超 *chō*) oder „kontinuierlich" (出 *shutsu*).

Die vertikalen Systeme lehren einen Stufenweg zur Erleuchtung. Zu den „vertikal-kontinuierlichen" Systemen gehören die Nara-Schulen, darunter gewisse Schulen des "Kleinen Fahrzeugs", aber sicherlich auch der *Lamrim* des tibetischen Buddhismus – der in Japan zur Zeit Shinrans nicht bekannt war. Auch der Zen-Buddhismus kennt verschiedene Tiefen der Erleuchtung, er betont aber das

„sprunghafte Erwachen" und ist also „vertikal-sprunghaft". Shinrans eigene Lehre ist „horizontal-sprunghaft", da die verschiedenen Bodhisattva-Stufen nicht der Reihe nach erklommen werden, sondern durch Fremdkraft sogleich die höchste Bodhisattva-Stufe erreicht wird.

ohigan'e お彼岸会 "Pāramitā-Fest". Das buddhistische "Fest des Hinüberschreitens zum Anderen Ufer" wird zur Zeit der Tag- und Nachtgleiche gefeiert.

on 恩 „Güte". ↗*hōon*

onri edo, gongu jōdo 厭離穢土、欣求浄土 „Verabscheue die elende Welt und sehne dich nach dem Reinen Land!" Ein Slogan des Reines-Land-Buddhismus, der in Japan insbesondere von Genshin (942-1017) propagiert wurde.

ōsō ekō 往相回向 „Verdienstzuwendung unter dem Aspekt der Hingeburt". Die von der Welt ins Reine Land führende Komponente der Verdienstzuwendung. Dazu gehört insbesondere das vom Buddha geschenkte Vertrauen. Gegenbegriff: ↗*gensō ekō*

san'ichi mondō 三一問答 „Erörterung zur dreifachen und einen Geisteshaltung". Textabschnitt aus dem ↗*Kyōgyōshinshō*, in dem Shinran nachzuweisen versucht, dass die drei Geisteshaltungen (↗*sanjin*) letztendlich in einer einzigen, nämlich ↗*shinjin*, enthalten sind.

sangan tennyū 三願転入 „Wandlung gemäß den drei Gelübden". Shinran nimmt aus den achtundvierzig Gelübden des Buddha Amida drei heraus (das 19., das 20. und das 18.) und zeigt, dass sie drei Phasen der religiösen Entwicklung entsprechen. In der ersten Phase versucht der Mensch mit unterschiedlichen religiösen Übungen das Heil aus eigener Kraft zu erwirken. In der zweiten beschränkt er sich schon auf das Nembutsu, aber er verbindet damit noch verschiedene menschliche Vorstellungen und bleibt deshalb im Selbstkraftgedanken gefangen. Erst in der dritten Phase vollzieht der Mensch die *eine* Übung nur noch mit dem *einen* Herzen, nämlich dem vollkommenen Vertrauen auf die Fremdkraft.

sanjin 三心 „Drei Geisteshaltungen", „Dreifaches Herz". Im 18. Gelübde werden „drei Geisteshaltungen" als Bedingung für die Hingeburt genannt. Eine davon abweichende Liste findet sich im Betrachtungs-sūtra. Shinran führt die drei Geisteshaltungen auf eine einzige zurück. ↗*san'ichi montō*

seigan 誓願 „Gelübde" „Schwur". Im Wesentlichen synonym zu ↗*hongan*

seigan fushigi 誓願不思議 „das Wunder des Gelübdes", „das unergründliche Gelübde". Die Rettung geschieht durch die unergründliche Wirkung des Gelübdes.

seimyō betsushū no ikei 誓名別執の異計 „Falsches Kalkulieren aufgrund der Trennung von Namen und Gelübde." Eine Form des ↗*ianjin*, bei der entweder der Name auf Kosten des Gelübdes oder das Gelübde auf Kosten des Namens überbetont wird.

sekaikan 世界観 „Weltanschauung". Der Duden (1999) definiert dies als „[urspr.= subjektive Vorstellung von der Welt]: die Gesamtheit von Anschauungen, die die Welt und die Stellung des Menschen in der Welt betreffen" Nach dem Grimmschen Wörterbuch (1955) findet sich das Wort erstmals bei Kant und wird hauptsächlich seit dem 20. Jhdt. verwendet.

sekaizō 世界像 Wenig gebräuchliches japanisches Lehnwort für das deutsche Wort „Weltbild". Nach dem Duden (1999) versteht man unter Weltbild eine „umfassende Vorstellung von der Welt [aufgrund wissenschaftlicher bzw. philosophischer Erkenntnisse]". *sekaizō* meint aber nur ein Abbild der (Ding)welt, und schließt damit Begriffsbildungen wie das „marxistische Weltbild" aus. Vgl. ↗uchūron

senbushū 贍部洲 „Jambudvīpa". Name des südlichen Kontinents im mythologischen Weltbild der alten Inder.

senju nenbutsu 専修念仏 „Ausschließliche Übung des Nembutsu".

sezokutai 世俗諦 s. *loka-saṃvṛti-satya*. Das „profan Einleuchtende". Die weltliche (*loka*), etwas verbergende (*saṃvṛti*) Wahrheit.

Shandao 善導 c. *Shandao* j. *Zendō*, der fünfte Patriarch der *Jōdo Shinshū* (613-681).

shin₁ 信 „Vertrauen" oder „Glauben". Das Zeichen besteht aus einem Menschen 人 und einem Mund dem Worte 言 entströmen. Man verlässt sich ganz auf die Worte eines Menschen (Dies ist allerdings nur eine Volksethymologie. Die tatsächliche Etymologie hat etwas mit einem vor einer Gottheit abgelegten Schwur zu tun.)

Die meisten japanischen Gelehrten übersetzen das Wort mit „Glauben" ins Deutsche, und auch auf Englisch ist „faith" eine sehr gebräuchliche Übersetzung. Gegen diese Übersetzung spricht nicht so sehr die Nähe zum christlichen Glaubensbegriff (dessen griechisches Urwort *pistis* ebenfalls beide Nuancen trägt) als die sich immer klarer abzeichnende Bedeutungsverschlechterung die dieser Begriff in der modernen Umgangssprache erfährt. Wenn das Wort „Glaube" nur noch für ein bloßes Für-Wahr-Halten einer Behauptung, v. a. unter dem Einfluss einer Suggestion oder Autorität, oder für einen autosuggestiv erzeugten Gefühlszustand steht, ist das Wort für die Übersetzung nicht mehr geeignet.

shin₂ 心 „Herz" bzw. „Geist". Das Zeichen ist ein Ideogramm für das Herz (Man erkennt deutlich die Aorta). Es diente zur Übersetzung des Sanskritwortes *citta* und wird meist mit „Geist" (Engl. *mind*) übersetzt. Für diese Übersetzung spricht die Tatsache, dass *shin/citta* die Gefühle, Gedanken und Willensregungen enthält und in den älteren Schulen des Buddhismus klar im Gegensatz zum Materiellen bzw. Physischen (s. *rūpa* oder *kāya*) steht. In späteren buddhistischen Schulen jedoch, insbesondere der einflussreichen ↗ *yuishiki-ha*, scheint *shin/citta* ein Ausdruck der Gesamtpersönlichkeit eines fühlenden Wesens, denn dessen körperliche Natur z. B. ist in diesem Begriff noch enthalten. Dies hat eine entfernte Ähnlichkeit zum biblischen Sprachgebrauch des Wortes „Herz" (g. *kardía* – Wenn Gott z. B. den ganzen Menschen anspricht, spricht er dessen Herz an) und hat mit dem kartesischen Gegensatz zwischen Geist und Materie, den wir heute immer mitdenken, eigentlich nichts zu tun. Alle Übersetzer, die mit „Geist" übersetzen, nehmen zumindest in Kauf, dass sich die begrifflichen Konnotationen vom Herzen zum Gehirn verschieben, denn dies ist seit Descartes der Ort der "denkenden Sache" (l. *res cogitans)*. ↗*shinjin*

shin₃ 真 „endgültig", „essentiell", „wahr". Im Buddhismus (und explizit bei Shinran) Gegenbegriff zu „vorläufig" (j.*ke* 仮). Vorläufige Lehren des Buddha sind ein geschicktes Mittel und werden im Lichte anderer Lehren des Buddha überholt. Endgültige Lehren sind auch ein geschicktes Mittel, aber es gibt keine Lehren, die über sie hinausgehen. Die Lehre der ↗*Jōdo Shinshū* kann man innerhalb der Reines-Land-Lehren als eine endgültige Lehre bezeichnen, da es keine radikalere Ursachenlehre geben kann als „Alles geschieht aus Fremdkraft."

shingyō 信楽 „Freude des Vertrauens". Eine Form des dreifachen Herzens. ↗ *sanshin*

shinjin 信心 „Vertrauensvolles Herz". ↗*shin*[1].

shinjin shōin, shōmyō hōon 信心正因、称名報恩 „Das vertrauensvolle Herz ist die wahre Ursache, die Ausrufung des Namens Rückerstattung der Güte". Die klassische, vor allem von Rennyo (1415-1499) immer wieder betonte Formulierung über das Verhältnis von ↗*shinjin* und ↗Nembutsu.

shinnyo 真如 „Soheit", „die Dinge (s. *dharma*), so wie sie wirklich sind".

shishin 至心 „Aufrichtiges Herz".

shiki soku ze kū, kū soku ze shiki 色即是空、空即是色 „Form ist Leerheit, Leerheit ist Form". Berühmte Formulierung aus dem Herzsūtra.

shinkō kajō 信仰箇条 „Glaubensartikel". Jede Gemeinschaft, die mit dem Anspruch auftritt, etwas zu lehren, muss über ihre Lehre Auskunft geben. Darum unterhalten auch alle buddhistischen Richtungen in Japan Universitäten, an denen die Entwicklung der buddhistischen Lehre erforscht wird. Außerdem gibt es an den jeweiligen Haupttempeln Gremien, in denen man sich auch die wichtigsten Hauptpunkte der Lehre verständigt. Auch im Buddhismus gibt es eine gewisse Spannung zwischen der akademischen Forschung und der immer wieder neu zu fixierenden Dogmatik. Dies führte in der Edo-Zeit zu mehreren größeren Streitereien an der damaligen Akademie (der heutigen Ryūkoku-Universität) ↗*gakurin*. Die Rektoren der Akademie besaßen damals das Recht, im Namen des ↗Monshu über dogmatische Dinge zu entscheiden und nutzen diese Befugnis auf selbstherrliche Weise, bis man sie entmachtete und durch ein Gremium ersetzte.

shinri 真理 Auch Neujapanisch für „Wahrheit". Ursprünglich nicht im formallogischen Sinne, sondern im Sinne des letzten Geheimnisses der Dinge gemeint. Das Zeichen *ri* 理 zeigt das Muster eines aufgeschnittenen Edelsteins: etwas Verborgenens, was schon da ist, unabhängig davon, ob ein Mensch imstande ist, es zu erkennen oder nicht. Logische Wahrheit, als Ausgangspunkt einer Wahrheitstafel, verweist hingegen auf einen Vergewisserungprozess, der dem Menschen in all seinen Teilen zugänglich und verfügbar ist. ↗*shinsō*

shinsō 真相 „wahre Merkmale".

shō 証 „Verwirklichung", „Erweis", „Erleuchtung".

Das Zeichen besteht aus den Hälften „sprechen" (言) und „richtig" (正). Es deutet also an, dass sich etwas, was gesagt wurde, als richtig erweist. Im höchsten Sinne deutet es auf die Erleuchtung, in der sich die Lehre des Buddha als richtig erweist.

shobutsu shōmyō no gan 諸仏称名の願 "das Gelübde, dass alle Buddhas den Namen preisen werden". Eine Bezeichnung Shinrans für das 17. Gelübde. Das 17. Gelübde ist der eigentliche Hintergrund für das ↗*shōmyō nembutsu*.

shobutsu shōyō no gan 諸仏称揚の願 "das Gelübde, dass alle Buddhas [Amida] preisen und hochhalten werden" Synonym zu ↗*shobutsu shōmyō no gan*

shōdōmon 聖道門 „Weg der Heiligen", wörtlich: das „Tor des heiligen Pfades". Gegenbegriff ↗*jōdomon*

shōgitai 勝義諦 s. *paramārtha-satya*. „Das eminent Einleuchtende". Die höchste Wahrheit, die in der Erleuchtung erkannt wird. Gegensatz: ↗*sezokutai*

shōji soku nehan 生死即涅槃 „Leben und Tod (nämlich Samsara) ist nichts anderes als Nirwana". Shinran zitiert diese aus der *Abhandlung über den mittleren Weg*

(↗*chūgan-ha*) und anderen Schriften bekannte Formulierung im ↗*Shōshinge*. ↗*soku*

shōjōju 正定聚 „Menschen, deren Hingeburt sicher ist". Von Shinran oft verwendeter Ausdruck für diejenigen, die ein erstes Mal ↗*shinjin* erreicht haben.

shōmyō nembutsu 称名念仏 „Nembutsu der Ausrufung des Namens". ↗*Nembutsu* ↗*myōgō*

Shōshinge 正信偈 „Verse über das rechte Vertrauen [in das Nembutsu]" Ein Gedicht aus dem ↗*Kyōgyōshinshō*, das heutzutage der gebräuchlichste Rezitationstext für Shin-buddhistische Andachten ist. Shinran erklärt im ersten Teil die Herkunft und Bedeutung des Grundgelübdes (↗*hongan*), im zweiten Teil geht er auf die Sieben Patriarchen ein.

soku 即 „ist gleich" „nichts anders als" Buddhistischer Identitätsbegriff der oft Gegensätzliches verbindet. ↗*shiki soku ze ku, ku zoku ze shiki* ↗*shōji soku nehan*

tai 諦 s. *satya*. Das „Einleuchtende". Der Sanskritbegriff ist vieldeutig: „true, real, honest, faithful etc." (Monier-Williams) Das Zeichen, das sich als die chinesische Übersetzung etabliert hat, hat ursprünglich nichts mit einer Lichtmetaphorik zu tun. Seine linke Seite bedeutet „sprechen" und seine rechte scheint auf eine durch einen Altar repräsentierte Himmelsgottheit zu verweisen. Im buddhistischen Kontext muss der Buddha gemeint sein: eine Rede ist „wahr", insofern sie von ihm, genauer gesagt „aus der Erleuchtung" stammt. ↗*nitai*

Tannishō 歎異抄 „Büchlein der Klage über die Missverständnisse". Yuien-bō, der in jungen Jahren Shinrans Schüler gewesen war, verfasste diese kurze Schrift im hohen Alter. Im ersten Teil überliefert er Aussprüche von Shinran, im zweiten Teil wendet er sich gegen Missverständnisse, die in der Nembutsu-Schule der damaligen

Zeit aufgetaucht waren. Das Tannishō gilt seit dem 19. Jahrhundert als eine der kürzesten und prägnantesten Einführungen in das Denken Shinrans.

tariki 他力 „Fremdkraft" oder „Andere Kraft". Das erste Zeichen *ta* 他 bedeutet im modernen Japanisch eigentlich nur „anders". Beide angegebenen Übersetzungen des Worts *tariki* sind sinnvoll. Wenn man das Verhältnis des Buddhas zu den Wesen vom *ki*-Aspekt aus betrachtet, muss man seine Fremdheit und Andersartigkeit betonen und sollte mit „Fremdkraft" übersetzen. Wenn man aber den *hō*-Aspekt in den Vordergrund rückt, ist der Buddha näher bei den Wesen als sie bei sich selbst. Dann sollte man mit „Andere Kraft" übersetzen. ↗ *kihō ittai*. Gegenbegriff: ↗*jiriki*

Tat ↗*gyō*

Tathāgata „Der So-gekommene", „der So-gegangene". Eine andere Bezeichnung für den Buddha. Vergleiche: ↗*shinnyo*.

Tendai-shū 天台宗 c. *tiantai zong*. Die Tendai-Schule (Tiantai-Schule) entstand im sechsten Jahrhundert in China und wurde von Saichō (767-822) nach Japan überliefert. Die Tendai-Schule entwickelte aus den Lehren des Lotussutras eine Gesamtschau des Buddhismus und definierte damit lange Zeit, insbesondere in Japan, den buddhistischen *mainstream*. Die Neuerer des Buddhismus in der Kamakura-Zeit, zu denen auch Shinran gehörte, gingen alle aus der Tendai-Schule hervor. Zentrum der japanischen Tendai-Schule ist das *Enryakuji*-Kloster auf dem Berg *Hiei*.

tetchisen 鉄囲山 „Eisenumhüllungsberg". Der äußere Rand im mythologischen Weltbild der alten Inder.

tōhigan 到彼岸 „Erreichen des anderen Ufers". ↗*higan*

uchūron 宇宙論 „Kosmologie" Dieser Begriff wird heutzutage hauptsächlich von der Naturwissenschaft in Anspruch genommen, die darunter ein Weltmodell zur Deutung empirischen Materials versteht. ↗*sekaizō*

yokushō 欲生 „Sehnsucht nach Hingeburt". Synonym: ↗*ganshō*

yuishiki-ha 唯識派 Cittamātra-Schule. Neben der ↗ *chūgan-ha* die zweite große Schule des mahāyāna-buddhistischen Denkens. Wichtigster Vertreter: Vasubandhu (4. Jhdt.).

Yuishinshō mon'i 唯心鈔文意 „Die Bedeutung der Verspassagen aus der *Essenz des bloßen Vertrauens*". Eine Kommentarschrift Shinrans zu Seikakus *Yuishinshō*.

zen'in zenka, aku'in akka 善因善果、悪因悪果 „Gute Ursachen gutes Resultat, schlechte Ursachen schlechtes Resultat" Eine Formel für das buddhistische Karmagesetz.

zōaku muge 造悪無碍 „Schlechtes Karma zu schaffen, ist kein Hindernis". Ein Missverständnis, das aus einer Überbetonung des Grundgelübdes gegenüber dem Namen bzw. Hören des Namens entstehen kann. ↗*seimyō betsushū no ikei* ↗*akuninbokori*

zōjōman 増上慢 „Dünkel aus Überheblichkeit". Vergleiche ↗*higeman*

Über dieses Buch

Der von Shinran Shōnin (1173-1263) begründete Shin-Buddhismus ist eine Form des Laien-Buddhismus, die das Vertrauen auf die Kraft des Buddha Amida betont. Obwohl er die anhängerreichste Strömung des traditionellen japanischen Buddhismus ist, ist er bis heute im Westen wenig bekannt. Das vorliegende Buch entstand aus drei aufeinander folgenden Vortragsreihen und soll eine leicht verständliche Einführung in einige Grundkonzepte des Shin-Buddhismus geben. Im letzten Teil stellt der Autor unter dem Eindruck der Tsunamikatastrophe in Japan die Frage, ob nicht eine Krise des Welt- und Menschenbildes im Hintergrund unsrer heutigen weltweiten Probleme steht.

Über den Autor

Tan Sonoda wurde 1936 in eine Shin-buddhistische Priesterfamilie geboren und schon als junger Mann zum Priester geweiht. Er schlug allerdings die wissenschaftliche Laufbahn ein, promovierte im Fach Religionswissenschaft an der Universität Kyōto und forschte anschließend drei Jahre lang an der Universität Tübingen. In Japan, wo er an verschiedenen renommierten Universitäten lehrte, ist er vor allem als Vermittler der deutschen Mystik (Cusanus, Böhme u.a.) bekannt. 2011 wurde er in die Japanische Akademie der Wissenschaften gewählt.